Günther Oelschläger

Weltanschauliche Schulung in der Hitler-Jugend

Inhalte, Schwerpunkte und Methoden

Selbstverlag G. Oelschläger

Das Buch basiert auf der textgleichen Wiedergabe einer Examensarbeit zur Ersten Lehrerprüfung. Vorgelegt im Wintersemester 1962/63 an der Pädagogischen Hochschule Oldenburg (heute Universität Oldenburg)

Die Abbildungen auf der Umschlagseite sind dem Buch „Knaurs Bildatlas Drittes Reich", erschienen im Bechtermünz-Verlag 2001, entnommen. Die freundliche Genehmigung zum Abdruck erteilte die Verlagsgruppe Weltbild-Verlag GmbH, Augsburg.

Herstellung Books on Demand GmbH, Norderstedt

ISBN 3-8311-2863-4

Inhaltsverzeichnis

5

I. Einleitung

Heute, mehr als siebzehn Jahre nach dem Ende des Dritten Reiches, ist der Ausdruck „nationalsozialistische Weltanschauung" durchaus noch geläufig. Weniger denn je dürfte sich aber mit dieser Bezeichnung eine feste Vorstellung verbinden, die alle, die diesen Begriff hören, gemeinsam teilen. Deshalb soll zu Beginn dieser Arbeit versucht werden, herauszufinden, was denn während der Zeit der nationalsozialistischen Herrschaft selbst unter diesem Ausdruck verstanden wurde.

Überraschend wörtlich meint das Wort „Weltanschauung" zunächst diese bestimmte Ansicht von der Welt, die irgendjemand vertritt. Diese sehr allgemeine Formulierung weist aber nicht darauf hin, dass jedes Individuum etwa ein eigenes, ganz persönliches Weltbild besitzt. Dieses Weltbild ist – nach nationalsozialistischer Auffassung – vielmehr durch die Abhängigkeit von rassischen Gegebenheiten bedingt:

> „... Der Mensch muss sich ... auf sich selbst, auf seinen eigenen Standpunkt stellen, der durch sein Blut und durch seine Rasse gegeben ist. Wenn er von diesem Standpunkt aus das große Weltbild betrachtet, von sich aus die Welt anschaut, sie zu sich, zu seinem Standpunkt in Beziehung setzt ..., dann entsteht für ihn eine Weltanschauung..."[1] [2]

---

[1] Helmut Stellrecht, **Neue Erziehung**, Berlin, 1942, S. 23 ff.

[2] An dieser Stelle mag eine grundsätzliche Bemerkung zur Art, wie in dieser Arbeit Zitate verwendet werden, erlaubt sein. Mit oft verblüffender Offenheit werden im Schrifttum der nationalsozialistischen Zeit die Ziele, die mit der Hitlerjugend-Arbeit verfolgt wurden, genannt. Das wörtliche Aufnehmen solcher „für sich sprechender" Textstellen kann nicht die an-

Die Substanz einer solchen „Weltanschauung" kann durch nichts verändert werden, da sie gleichsam im Erbgut mitgegeben wird. Wohl aber ist es möglich, durch bestimmte Mittel den einzelnen eine falsche Vorstellungswelt, die nicht der durch die Rasse gegebenen Weltanschauung entspricht, aufzudrängen.[3] Besonders häufig kann eine solche Überlagerung des durch die rassischen Urelemente gegebenen Weltbildes geschehen, wenn in einem Volk auf engem Raum mehrere rassische Elemente nebeneinander Einfluss einbüsst, weil andere, weniger wertvolle, also „minderwertige" Rassen ihr Gewicht über Gebühr auszudehnen vermögen.

Eine solche Entwicklung lag – nach Ansicht der Nationalsozialisten – in Deutschland vor. Die „völkische Weltanschauung"[4], zu deren Verfechter und Beschützer sich die NSDAP selbst erklärt hatte, sollte die Bedeutung der rassischen Urelemente für das Leben der Völker in das Bewusstsein der Deutschen heben.

Wenn dieses Ziel erreicht werden sollte, war es notwendig, möglichst breiten Bevölkerungsteilen die neue Lehre zu vermitteln. Für die heran-

---

gemessene Interpretation des Materials erübrigen, wohl aber vermag es die Eindringlichkeit der Darstellung zu erhöhen.

[3] Vgl., Stellrecht, **Neue Erziehung**, a. a. O., S. 26.

[4] Hitler selbst spricht von einer „völkischen Weltanschauung". Vgl., Adolf Hitler, **Mein Kampf** (zwei Bände in einem Band, ungekürzte Ausgabe, 300./304. Auflage, München, 1938, S. 420 ff.). Die NSDAP sollte seinen Vorstellungen nach das „Instrument" bilden, mit dem dieser Weltanschauung der Sieg errungen werden sollte. Erst nach 1933 wurde es üblich, die Weltanschauung, die durch die Nationalsozialisten propagiert wurde, als „nationalsozialistische Weltanschauung" zu bezeichnen.

wachsende Generation erhielt die Hitler-Jugend[5] den Auftrag, „die gesamte deutsche Jugend ... körperlich, geistig und sittlich im Geiste des Nationalsozialismus zu erziehen".[6]

Wenn man berücksichtigt, dass die Hitler-Jugend ihre ganze Arbeit darauf abstellte, diesen staatlichen Auftrag zu erfüllen, muss man sie umfassend

---

[5] Als „Hitler-Jugend" wurde zum erstenmal 1926 eine nationalsozialistische Jugendgruppe bezeichnet, die ein Jahr vorher durch Kurt Gruber unter dem Namen „Großdeutsche Jugendbewegung" in Plauen gegründet worden war. Die Umbenennung erfolgte auf dem Reichsparteitag der NSDAP im Juli 1926 in Weimar; sie bedeutete eine Anerkennung dieser Jugendorganisation durch die NSDAP. Gruber wurde zum „Reichsführer der Hitler-Jugend" ernannt und als „Referent für Jugendfragen" in die Reichsleitung der Partei berufen.1931 übernahm Baldur von Schirach diese Parteiämter. – Der Aufbau der HJ vollzog sich in starker Abhängigkeit von der NSDAP, insbesondere von der SA. Im April 1932 wurde die Hitler-Jugend von einem zweimonatigen Verbot der SA mitbetroffen, arbeitete aber getarnt weiter. Nach Aufhebung des Verbots nahm die HJ einen großen Aufschwung, Deutlich sichtbar wurde diese Entwicklung Anfang Oktober 1932, als auf dem ersten „Reichs-Jugendtag" in Potsdam über 100.000 Anhänger der HJ an Hitler vorbeiparadierten. Die „Machtübernahme" Hitlers am 30. Januar 1933 sicherte der Hitler-Jugend bald die beherrschende Rolle auf dem Gebiet der Jugendarbeit. Die unverzüglich einsetzende Ausschaltung anderer Jugendgruppen war schon nach wenigen Monaten im wesentlichen abgeschlossen. (Ein Vergleich mit der Ausschaltung der anderen Parteien zugunsten der NSDAP lässt die grundsätzliche Verwandtschaft des Totalitätsanspruchs der HJ mit dem der NSDAP erkennen.) Von dieser Zeit an konnte sich die Hitler-Jugend als einzige vom Staat geduldete Jugendorganisation ganz den ihr von der Partei gestellten Aufgaben widmen. (Diese sehr geraffte Darstellung fußt auf: **Aufbau und Abzeichen der Hitler-Jugend.** Herausgegeben von der Reichsjugendführung der NSDAP. Berlin, o. J. Hier finden sich auch weitere Einzelheiten zur geschichtlichen Entwicklung der HJ. – Verwiesen sei auch auf die Selbstdarstellung der Hitler-Jugend durch: Baldur von Schirach; **Die Hitler-Jugend**. Idee und Gestalt. Berlin, 1934).

[6] Diese Formulierung findet sich im sogenannten „Hitler-Jugend-Gesetz", das am 1. Dezember 1936 erlassen wurde.

als „weltanschauliche Schulung"[7] bezeichnen. Baldur von Schirach, der Reichsjugendführer, betonte: „Die HJ ist eine weltanschauliche Erziehungsgemeinschaft..."[8]

Im ersten Teil dieser Darstellung werden Grundbegriffe der nationalsozialistischen Weltanschauung untersucht und ihre Auswirkungen auf die Stellung der Hitler-Jugend im Staat und auf in der HJ wirksam werdende Organisationsprinzipien hervorgehoben. Im zweiten Teil werden dann die inhaltlichen Schwerpunkte der weltanschaulichen Schulung in der Hitler-Jugend behandelt, im dritten Teil schließlich methodische Schwerpunkte beleuchtet.

---

[7] Von Schirach bezeichnete die „körperliche, geistige und seelische" Erziehung umfassend als weltanschauliche Erziehung. (Vgl., von Schirach, **Die Hitler-Jugend**, a. a. O., S. 46 – Der Ausdruck „weltanschauliche Schulung" ist auch in dieser Arbeit umfassender gemeint, als das, was im nationalsozialistischen Schrifttum gemeinhin – meist im Gegensatz zur „körperlichen Ertüchtigung" – damit bezeichnet wurde.

[8] Von Schirach, **Die Hitler-Jugend**, a. a. O., S. 130.

II. Grundbegriffe der Weltanschauung
und ihre Auswirkungen auf die Stellung der Hitler-Jugend im Staat und auf organisatorische Grundsätze der Hitler-Jugend

Zunächst dürfte es angebracht sein, einige zentrale Begriffe, um die sich das Gedankengut des Nationalsozialismus zu dem, was seine Verkünder „Weltanschauung" nennen, fügt, herauszuschälen. Es soll nicht versucht werden, diese „Lehre" – wenn es überhaupt möglich wäre – wie ein geschlossenes Denksystem darzustellen. Vielmehr kann es nur die Aufgabe sein, einzelne Grundbegriffe der nationalsozialistischen Weltanschauung aufzugreifen und sie in ihren Auswirkungen auf die Stellung der HJ im Staat und auf organisatorische Grundsätze in der Hitler-Jugend zu untersuchen.

Der Nationalsozialismus gibt vor, eine „Weltanschauung der Tatsachen" zu vertreten. Durch die Wirklichkeit und durch Erfahrung werde sein Gedankengut geformt.[9] „Der Grundpfeiler der nationalsozialistischen Weltanschauung ist die Erkenntnis von der Ungleichheit der Menschen".[10] [11] [12]

---

[9] Vgl., Fritz Brennecke (Hrsg.), **Vom deutschen Volk und seinem Lebensraum.** Handbuch für die Schulungsarbeit in der HJ., München, 1937, S. 7 ff.

[10] Ebd., S. 9.

[11] Vgl. auch Hitler, **Mein Kampf**, a. a. O., S. 420 ff.

[12] Diese „Erkenntnis" setzt der Nationalsozialismus bewusst gegen den Satz von der Gleichheit aller Menschen, der sich im Jahrhundert nach der Französischen Revolution allgemein durchgesetzt hatte. In unzulässiger Vereinfachung bezieht der Nationalsozialismus diesen Grundsatz auf die biologische Beschaffenheit der Menschen, obwohl er vor allem auf die Gleichheit der Menschen vor dem Gesetz zielte. In gewisser Konsequenz leitete man allerdings im „Dritten Reich" aus der biologischen (spricht rassischen) Ungleichheit auch eine Ungleichheit vor dem Gesetz ab.

Diese verblüffend einfache Aussage lässt sich tatsächlich ohne Schwierigkeiten mit dem bekanntesten Schlagwort der nationalsozialistischen Lehre – „Rasse" – in Beziehung setzen. Die Frage, die die Verbindung zu ihm ermöglicht, lautet: Wo zeigt sich – nach Ansicht der Nationalsozialisten – die Ungleichheit der Menschen und wie wirkt sie sich aus? Es erscheint sinnvoll, beim Eingehen auf diese Frage aufzuzeigen, welche Antwort Hitler selbst gibt. Die in „Mein Kampf" niedergelegten Gedankengänge bilden nämlich die Grundlage für nahezu alle nationalsozialistischen Schriften, die sich mit weltanschaulichen Fragen beschäftigen.

„Rasse" – Der bestimmende Faktor im Leben der Völker
„Rassenhygiene" – Die dringendste Aufgabe eines „völkischen Staates"

Der ursprüngliche Unterschied zwischen den Menschen entspringt einer verschiedenen rassischen Wurzel. Hitler teilt die verschiedenen Rassen in drei Gruppen ein: „Kulturbegründer, Kulturträger und Kulturzerstörer"[13]; hieraus ergibt sich eine „Rangordnung der Rassen".[14]

---

[13] Hitler, **Mein Kampf**, a. a. O., S. 318

[14] Formulierung Hitlers, zitiert nach: **Wille und Macht**, Jg. 1933, Heft 2, S. 4 – Als wie groß Hitler die Differenz zwischen den verschiedenen Rassen ansah, enthüllte er in einer Rede auf dem Nürnberger Parteitag vom 3. September 1933: „... Die Spanne, die zwischen dem niedersten, noch sogenannten Menschen und unseren höchsten Rassen liegt, ist größer als die zwischen dem tiefsten Menschen und dem höchsten Affen..." (Adolf Hitler: **Führer und Gefolgschaft.** Die beiden großen Kulturreden des Reichskanzlers Adolf Hitler am 1. und 3. September auf dem Parteitag in Nürnberg. Reihe: Die Erhebung. Dokumente zur Zeitgeschichte. Berlin, 1934, S. 33.)

Hitler glaubt, alle bedeutenden kulturellen Leistungen des Menschen als das schöpferische Produkt der „arischen Rasse"[15] ausweisen zu können.[16] Die „Arier" konnten ihre schöpferische Kraft aber nur entfalten, wenn sie sich anderer „niederer" Menschen als Hilfskräfte bedienten, „die den Mangel technischer Hilfsmittel ... zu ersetzen vermochten".[17] Der Niedergang einer von ihnen begründeter Kultur setzte ein, sobald die „Herrenschicht" ihr „rassisches Niveau" durch eine Vermischung mit den unterworfenen Rassen senkte. Wörtlich schreibt Hitler:

> „... Alle großen Kulturen der Vergangenheit gingen nur zugrunde, weil die ursprünglich schöpferische Rasse an Blutsvergiftung abstarb..."[18]

Die so aus der Geschichte gewonnene „Erkenntnis" wendete Hitler auf seine Gegenwart an: Im deutschen Volk sei, so behauptete er, nicht mehr ein einheitlicher rassischer Kern zu finden, sondern nur ein Nebeneinander von Bestandteilen verschiedener Rassen. Dennoch aber machten „große unvermischt gebliebene Bestände an nordisch-germanischen Menschen"[19] den besonderen Wert des deutschen Volkes aus.

---

[15] Der Begriff „Arier" spielt in der „Rassenlehre" der Nationalsozialisten eine große Rolle, stammt aber ursprünglich aus der Sprachwissenschaft und bedeutet: „Völker des indo-iranischen Zweiges der indogermanischen Sprachfamilie ... Die Verwendung des Begriffs A. im rassischen Sinn ist unwissenschaftlich." (Vgl., **Der Große Brockhaus**. Sechzehnte, völlig neubearbeitete Auflage in zwölf Bänden, Wiesbaden, 1952, 1. Bd., S. 399.)

[16] Vgl., **Mein Kampf**, S. 317 ff.

[17] Vgl., ebd., S. 328.

[18] Ebd., S. 316.

[19] Ebd., S. 438.

Hitler forderte nun die Errichtung eines – in seinem Sinne – verantwortlich handelnden Staates, der sich in „Erkenntnis" dieser „Gegebenheiten" seiner Aufgabe bewusst wurde:

> „... *Wer von einer Mission des deutschen Volkes auf der Erde redet, muss wissen, dass sie nur in der Bildung eines Staates bestehen kann, der seine höchste Aufgabe in der Erhaltung und Förderung der unverletzt gebliebenen edelsten Bestandteile unseres Volkstums, ja der ganzen Menschheit sieht...* "[20]

Hitler konnte nicht erwarten, dass ein nach demokratischen Grundsätzen aufgebauter Staat, der allen seinen Bürgern gleiche Pflichten auferlegte und gleiche Rechte zubilligte, die von ihm angestrebten Ziele verfolgen würde. Deshalb musste die bestehende Staatsform durch eine neue ersetzt, der „völkische Staat" musste geschaffen werden. Dieses Gebilde sollte dann das neue Gefäß bilden, in dem sich die besten rassischen Kräfte des Volkes sammeln konnten, nachdem ja die ursprüngliche Form, die rassische Einheit selbst, zerbrochen war. Geradezu kennzeichnend für den völkischen Staat[21] sollte sein, dass er sich der „Rassenhygiene"[22] widme-

---

[20] Ebd., S. 439. – Kursiv gesetzte Stellen in Zitaten weisen auf im Original besonders hervorgehobene Textstellen hin.

[21] Den Anspruch des „völkischen Staates", in alle Lebensbereiche des in ihm zusammengefassten „Volkes" richtunggebend, also dirigierend eingreifen zu dürfen, begründet Ernst Krieck: „... Im völkischen Gesamtstaat kommt der Wille des zum Ganzen geeinten Volkes zur Existenz, zur Macht, zur Handlungsfähigkeit. Darum ist der Staat als Willens- und Wirkform des Volksganzen notwendig der Oberherr über das ganze Leben der Volksgenossen... Der Staat wirkt im Namen der völkisch-

te. Um diesen Maßnahmen, die einer weiteren Zersetzung der besten Kräfte des deutschen Volkes entgegenwirken sollte, dauernden Erfolg zu verleihen, musste auch die Erziehung der Jugend entsprechend ausgerichtet werden. In „Mein Kampf" heißt es dazu:

> „... *Die gesamte Bildungs- und Erziehungsarbeit des völkischen Staats muss ihre Krönung darin finden, dass sie den Rassesinn und das Rassegefühl instinkt- und verstandesgemäß in Herz und Gehirn der ihr anvertrauten Jugend hineinbrennt* ... Damit wird die Voraussetzung geschaffen für die Erhaltung der rassenmäßigen Grundlagen unseres Volkstums und durch sie wiederum die Sicherung der Vorbedingungen für die spätere kulturelle Weiterentwicklung..."[23]

Diese Vorstellungen, die Hitler in „Mein Kampf" programmatisch niedergelegt hatte, begann er nach seiner Ernennung zum Reichskanzler, von der „Machtergreifung" an, zu verwirklichen. Im folgenden Kapitel soll gezeigt werden, welche Konsequenzen sich aus dem weltanschaulich begründeten Anspruch des völkischen Staates, alle nur möglichen Vorkeh-

---

rassischen Weltanschauung, worin Art und Glaube, Haltung und Wille des Volkes zum geistigen Ausdruck kommt. Im Staat erfüllt sich Geschichte und Schicksal des Volkes..." (Ernst Krieck, **Erziehung im nationalsozialistischen Staat.** Sonderdruck aus: „Die Verwaltungsakademie", ein Handbuch für den Beamten im nationalsozialistischen Staat. Berlin, 1935. S. 13.)
[22] Hilter, **Mein Kampf**, a. a. O., S. 446
[23] Ebd., S. 475 f.

rungen zu treffen, um die „wertvollsten Bestandteile des Volkes" zu erhalten, für die Funktion der Hitler-Jugend [24] in diesem Staat ergaben.

Der staatliche Erziehungsauftrag an die Hitler-Jugend

Die Maßnahmen, die das Dritte Reich auf dem Gebiet der Jugenderziehung ergriff, fanden ihren sichtbarsten Ausdruck im „Gesetz über die Hitler-Jugend vom 1. Dezember 1936" und in zwei Durchführungsverordnungen zu diesem Gesetz, die im März 1939 erlassen wurden. [25]

Die Präambel zum „Hitler-Jugend-Gesetz" macht deutlich, dass es tatsächlich als ein Glied in der Reihe von Maßnahmen aufzufassen ist, die der „völkische Staat" ergriff, um die von ihm angestrebten Ziele zu verwirklichen. Der Text lautet:

> „Von der Jugend hängt die Zukunft des deutschen Volkes ab. Die gesamte deutsche Jugend muß deshalb auf ihre künftigen Pflichten vorbereitet werden. Die Reichsregierung hat daher das folgende Gesetz beschlossen, das hiermit verkündet wird." [26]

---

[24] Die Bezeichnung „Hitler-Jugend" wurde im Dritten Reich in zweifacher Bedeutung gebraucht: Einmal stand sie für nationalsozialistische Jugendorganisation als Ganzes, zum anderen meinte sie nur den Teil der Organisation, der die vierzehn- bis achtzehnjährigen Jungen umfasste. – In dieser Arbeit steht „Hitler-Jugend" – wo es nicht ausdrücklich anders vermerkt ist – in der ersten, umfassenden Bedeutung.
[25] Der Text dieses Gesetzes und der beiden Durchführungsverordnungen findet sich in: **Das Junge Deutschland**, 33. Jg. (1939), H. 5.
[26] Ebd., S. 194.

Aus den ersten beiden Paragraphen des Gesetzes geht hervor, dass der Totalitätsanspruch [27], den die Hitler-Jugend auch schon vor 1936 vertreten und zum Teil durchgesetzt hatte [28], nun auch gesetzlich anerkannt wurde:

„§ 1 Die gesamte deutsche Jugend innerhalb des Reichsgebiets ist in der Hitler-Jugend zusammengefasst.

§ 2 Die gesamte deutsche Jugend ist außer in Elternhaus und Schule in der Hitler-Jugend körperlich, geistig und sittlich im Geiste des Nationalsozialismus zu erziehen." [29]

Die Hitler-Jugend erhielt als einzige Jugendorganisation das Recht, durch dieses Gesetz sogar die Pflicht, an der Erziehung der deutschen Jugend mitzuwirken. Zweideutig ist das Wort „außer" in „außer Elternhaus und Schule". Es kann nämlich einmal besagen, dass die Hitler-Jugend auf allen jenen Gebieten tätig werden sollte, die nicht in den Aufgabenbereich der beiden althergebrachten Erziehungseinrichtungen fielen; auf der anderen Seite kann dieses „außer" indirekt auch Elternhaus und Schule noch einmal ausdrücklich beauftragen, „im Geiste des Nationalsozialismus" zu

---

[27] Der Totalitätsanspruch der HJ galt als Teil des Totalitätsanspruchs der NSDAP. (Vgl., Gerhart Wehner, **Die rechtliche Stellung der Hitler-Jugend**, Dissertation, Dresden, 1939, S. 76.)
[28] Die einzelnen Abschnitte, die sich bei der Verwirklichung des Totalitätsanspruchs der Hitler-Jugend unterscheiden lassen, sind dargestellt bei: Arno Klönne: **Hitler-Jugend**. Die Jugend und ihre Organisation im Dritten Reich. (Schriftenreihe des Instituts für wissenschaftliche Politik in Marburg/Lahn. Herausgegeben von Wolfgang Abendroth) Hannover und Frankfurt/M., 1957.
[29] **Das Junge Deutschland**, a. a. O., S. 194

erziehen. Beide Auslegungen wurden in nationalsozialistischen Interpretationen des Gesetzes angeführt. [30] Einmal galt der Totalitätsanspruch der Hitler-Jugend fortan als endgültig durchgesetzt. Andererseits wurde aber auch betont, das Reich sei durch dieses Gesetz wieder zum „souveränen Träger des unentziehbaren Rechts auf Erziehung seiner Jugend geworden" [31], von dem Familie, Schule und Hitler-Jugend mit der Erziehung betraut wurden. [32] Die Bestimmungen des „Hitler-Jugend-Gesetzes" wurden durch die beiden „Durchführungsverordnungen" vom 25. März 1939 ergänzt. Sie erhoben den Dienst in der Hitler-Jugend zur Pflicht. Wörtlich heißt es in der „zweiten Durchführungsverordnung zum Gesetz über die Hitler-Jugend":

---

[30] Verwiesen sei auf den Aufsatz von: Hans Helmut Dietze, **Die verfassungsrechtliche Stellung der Hitler-Jugend**. In: Zeitschrift für die gesamte Staatswissenschaft, 101. Bd. (1941), S. 113-156.

[31] Ebd., S. 138.

[32] Diese Auslegung besagt nichts anderes, als dass nicht mehr die Eltern ein ursprüngliches, natürliches Recht auf die Erziehung ihrer Kinder besaßen, sondern dass ihnen dieses Recht vom Staat verliehen wurde. (Hans Helmut Dietze erkennt an, dass diese nationalsozialistische Auslegung des Elternrechts im Widerspruch zum Artikel 120 der Weimarer Verfassung stand, der von einem „natürlichen Recht" der Eltern auf Erziehung ihrer Kinder spricht. – Vlg., Hans Helmut Dietze, **Wer besitzt ein Recht auf Erziehung der Jugend?** In: Jugend und Recht, 11. Jg. (1937), H. 8, S. 237.) Erst diese Umkehrung der bisher gültigen Rechtslage machte möglich, auch den Eltern vorzuschreiben, auf welches Ziel hin die Kinder zu erziehen seien.

„§ 1 *Dauer der Dienstpflicht*

(1) Der Dienst in der Hitler-Jugend ist Ehrendienst am deutschen Volke.

(2) Alle Jugendlichen vom 10. bis zum vollendeten 18. Lebensjahr sind verpflichtet, in der Hitler-Jugend Dienst zu tun...“ [33]

Durch diese Formulierung wurde die „Jugenddienstpflicht" nunmehr der Wehrpflicht und der Arbeitsdienstpflicht, die schon vorher bestanden, gleichgestellt. [34] Die gesetzlichen Vertreter wurden – unter Strafandrohung, für den Fall des Unterlassens – angewiesen, die Anmeldung des Jugendlichen zur Hitler-Jugend vorzunehmen. [35] Seit März 1939 war damit die Erfassung aller Jugendlichen durch die HJ endgültig gesichert.

Die Stellung, die der Hitler-Jugend im nationalsozialistischen Staat eingeräumt wurde, ergab sich letztlich aus dem weltanschaulich begründeten Anspruch dieses Staates, über eine von ihm gelenkte Jugendorganisation die Grundsätze der völkischen Weltanschauung zu verbreiten.

---

[33] **Das Junge Deutschland**, a. a. O., S. 217.

[34] Vgl., Günter Kaufmann, **Erläuterungen zur ersten und zweiten Durchführungsverordnung des Führers zum Gesetz über die Hitler-Jugend vom 1. Dezember 1936.** In: Das Junge Deutschland, 33. Jg. (1939), Nr. 5, S. 217 f.

[35] Vgl., § 9 und § 12 der zweiten DVO, a. a. O., S. 244 bzw. S. 247.

Hitler-Jugend als ein wichtiges Glied im Gefüge nationalsozialistischer Erziehungseinrichtungen

Aus dem begrenzten Anspruch des nationalsozialistischen Staates, die Lebensgestaltung aller „Volksgenossen" durch weltanschauliche Grundsätze zu bestimmen, ergab sich, dass der Hitler-Jugend nur eine „Teilaufgabe innerhalb des großen, von der Partei ... aufgebauten Volkserziehungssystems" [36] zugedacht war. Der nationalsozialistische Staat als Ganzes wurde nämlich als „eine einzige große Erziehungsschule aller deutschen Menschen" [37] aufgefasst. Hitler selbst skizzierte schon 1935 die Einzelheiten eines Systems von Erziehungseinrichtungen auf dem „Parteitag der Freiheit" in Nürnberg:

> „... Dann wird sich ... der Kreis innerhalb der Erziehung unseres Volkes schließen. Der Knabe, er wird eintreten in das Jungvolk, und der Pimpf, er wird kommen zur Hitler-Jugend, und der Junge der Hitler-Jugend, er wird einrücken in die SA, in die SS und in die anderen Verbände, und die SA-Männer und SS-Männer werden eines Tages einrücken zum Arbeitsdienst und von dort zur Armee[38], und der Soldat des Volkes wird zurückkehren wieder in die Organisationen der Bewegung, der Partei, in SA und

---

[36] Wehner, **Die rechtliche Stellung der Hitler-Jugend,** a. a. O., S. 81.

[37] Diese Formulierung findet sich bei: Wilhelm Heußler: **Aufbau und Aufgaben der nationalsozialistischen Jugendbewegung**. Dissertation, Würzburg, 1938, S. 25.

[38] Schon in „Mein Kampf" bezeichnete Hitler das Heer „als die letzte und höchste Schule vaterländischer Erziehung". (A. a. O., S. 459.)

SS und niemals mehr wird unser Volk dann so verkommen, wie es leider einst verkommen!" [39] [40]

In einer Rede in Reichenberg wiederholte Hitler Ende 1938 seine schon drei Jahre vorher verkündeten Vorstellungen. Unverhüllter nannte er diesmal das letzte Ziel, das durch die systematische Erfassung aller Deutschen durch die verschiedenen „Erziehungseinrichtungen" der Partei erreicht werden sollte:

> „... Wenn diese Knaben mit zehn Jahren in unsere Organisation hineinkommen, ... werden sie nicht mehr frei ihr ganzes Leben ..."[41]

Führer und Gefolgschaft

Die Ungleichheit der Menschen – von ihr als der grundlegenden Erkenntnis ging die nationalsozialistische Weltanschauung aus – zeigte sich nicht nur im rassisch bedingten, unterschiedlichen Charakter verschiedener Völker; sie ließ sich ebenso innerhalb eines Volkes zwischen den einzel-

---

[39] Adolf Hitler: **Die Reden Hitlers auf dem Parteitag der Freiheit 1935.** München, 1935. S. 61.

[40] Diese „Worte des Führers" wurden 1938 bei der feierlichen Überführung von HJ-Angehörigen in die Gliederungen der Partei, die jedes Jahr am 9. November stattfand, nachgesprochen. (Vgl., **Reichsbefehl** der Reichsjugendführung der NSDAP. Befehle und Mitteilungen für die Führer und Führerinnen der Hitler-Jugend. 26/III, S. 695.)

[41] Aus einer Rede Hitlers vom 4. Dezember 1938 in Reichenberg. Zitiert bei: Helmut Kistler: **Die Hitler-Jugend.** In: Welt der Schule, 14. Jg. (1961), H. 1, S. 17.

nen Gliedern der Volksgemeinschaft feststellen. Hitler schreibt dazu in „Mein Kampf":

> „So wie ich im allgemeinen die Völker auf Grund ihrer rassischen Zugehörigkeit verschieden bewerten muss, so auch die einzelnen Menschen innerhalb einer Volksgemeinschaft..." [42]

Die als „rassisch wertvoll erkannten Elemente" innerhalb einer Volksgemeinschaft sollten deshalb besonders gefördert werden; sie hatten im Staat Führungsaufgaben zu übernehmen. [43] In der sich hieraus ergebenden Unterteilung des Volkes in Führer und Geführte lebte das alte, germanische Prinzip [44] von „Führer und Gefolgschaft" wieder auf. [45] Dieser Begriff mag im folgenden näher untersucht werden.

Führer und Gefolgschaft bilden eine innige Gemeinschaft. Der Führer erlangt innerhalb dieser Gemeinschaft seine Autorität nicht auf Grund einer Amtstellung, sondern sie erwächst aus der „Gesinnungs- und Willensgemeinschaft", die ihn mit seiner Gefolgschaft verbindet. [46] Er trägt das Wollen der Gemeinschaft am stärksten in sich, er vermag es, diesem Wol-

---

[42] Hitler, **Mein Kampf**, a. a. O., S. 492.
[43] Vgl., ebd., S. 492 f.
[44] Hitler selbst nennt dieses Prinzip „die wahrhaftige germanische Demokratie". (**Mein Kampf**, a. a. O., S. 99).
[45] Vgl., Oskar Ruckdäschel, **Hoheitsmacht in der Hand des jugendlichen HJ.-Führers**. Dissertation, Würzburg, 194, S. 18.
[46] Vgl., Gerhardt Giese, **Erzieherschaft und Jugendführung**. Gedanken für das Verhältnis von Lehrer und Schüler, Schule und Hitler-Jugend. In: Die Erziehung. 10. Jg. (1935), S. 24.

len festen Ausdruck zu geben, [47] er prägt die Form, in der es sich zur Tat umsetzt. Diese besonderen Fähigkeiten ermöglichen es dem Führer, von seiner Gefolgschaft unbedingten Gehorsam zu verlangen, ihr aufzutragen, ohne Widerspruch die von ihm gewiesene Richtung einzuschlagen.[48]

Wie nationalsozialistische Schriften betonten, wurden im völkischen Staat „weltanschauliche Erkenntnisse" nicht nur gelehrt, sondern auch tatsächlich verwirklicht; die Gestaltung des völkischen Lebens wurde nach ihnen ausgerichtet. [49]

So ist es nur verständlich, dass das Prinzip von „Führer und Gefolgschaft" auch in der Hitler-Jugend Gestalt annahm. Von Schirach selbst bezeichnete die Organisation als den klarsten Ausdruck des Wollens der HJ. „Die Organisation ist die Gestalt der Weltanschauung". [50] Alle Mitglieder der Hitler-Jugend wurden also durch die Organisation der HJ weltanschaulich geprägt, der Inhalt eines weltanschaulichen Grundbegriffs wurde in der Gestalt der Organisation erlebt. – Im nächsten Kapitel wird der organisatorische Aufbau der Hitler-Jugend gesondert dargestellt.

---

[47] Vlg., Stellrecht, **Neue Erziehung.** a. a. O., S. 53.

[48] Vgl., Wehner, **Die rechtliche Stellung der Hitler-Jugend**, a. a. O., S. 50.

[49] Vgl., Brennecke (Hrsg.), **Vom deutschen Volk und seinem Lebensraum**, a. a. O., S. 6

[50] Von Schirach, **Die Hitler-Jugend**. a. a. O. S. 66.

Der organisatorische Aufbau der Hitler-Jugend [51]

Wesentlichstes Merkmal der ganzen Hitler-Jugend-Organisation war es, dass alle Befugnisse in einer obersten Dienststelle, der Reichsjugendführung (RJF), zusammenliefen. An der Spitze der RJF stand der Reichsjugendführer, der die oberste und alleinige Verantwortung für die gesamte HJ-Arbeit trug. In einer starren Staffelung wurde die Befehlsgewalt nach unten hin aufgefächert. Die ganze Gliederungsskala umfasste sieben Stationen von der Reichsjugendführung als oberster Dienststelle bis zur Kameradschaft, die die unterste Einheit der Hitler-Jugend [52] darstellte. [53]

Neben diese vertikale Aufteilung, die zugleich eine regionale Aufgliederung darstellte, trat eine horizontale, die Jungen und Mädchen, wiederum nach Alter unterteilt, in vier verschiedenen Gliederungen zusammenfasste. [54] Zu unterscheiden sind:

1. Das Deutsche Jungvolk in der Hitler-Jugend (DJ). Diese Gliederung umfasste die Jungen im Alter von zehn bis vierzehn Jahren.

---

[51] Die hier folgende Darstellung stützt sich auf: **Aufbau und Abzeichen der Hitler-Jugend**. Herausgegeben von der Reichsjugendführung der NSDAP. Berlin, o. J.

[52] Hier im Sinne eines Teils der Gesamtorganisation.

[53] Eine graphische Darstellung des organisatorischen Aufbaus der Hitler-Jugend befindet sich im Anhang dieser Arbeit. Dort sind die Bezeichnungen für die verschiedenen Einheiten einzeln aufgeführt.

[54] Diese Aufteilung wurde am 1. Juli 1933 festgelegt.

2. Die Hitler-Jugend (HJ). Hier meint die Bezeichnung die Gliederung der HJ, in der die Jungen im Alter von vierzehn bis achtzehn Jahren zusammengefasst waren.

3. Die Jungmädel in der Hitler-Jugend (JM). In dieser Gliederung taten die zehn- bis vierzehnjährigen Mädchen ihren Dienst.

4. Der Bund Deutscher Mädchen in der Hitler-Jugend (BDM) fasste die Mädchen im Alter von 14 bis 21 Jahren zusammen. Der normale BDM-Dienst erstreckte sich bis auf das siebzehnte Lebensjahr, auf freiwilliger Basis konnte die Zugehörigkeit der HJ um vier Jahre durch die Eintritt in das BDM-Werk „Glaube und Schönheit" [55] verlängert werden.

Eine dritte Untergliederung wurde nach dem Alter der Jugendlichen vorgenommen. In den verschiedenen Einheiten wurden die Jungen und Mädchen jahrgangsweise zusammengefasst.

Der starre Aufbau der Hitler-Jugend-Organisation ermöglichte es, die gesamte Schulung der Jugendlichen einheitlich zu lenken und zu überwachen. [56] Letzten Endes war diese Einheitlichkeit auch das ausgesprochene Ziel aller organisatorischen Maßnahmen. In einer nationalsozialistischen Schrift heißt es in einer abschließenden Würdigung des Aufbaus der Hitler-Jugend:

---

[55] Diese Abteilung des BDM wurde erst am 19. Januar 1938 gegründet.

[56] Dies betont auch: Kaufmann, **Das kommende Deutschland**, a. a. O., S. 40.

„ ... So steht die Hitler-Jugend nach außen als ein einziger großer Block fest in ihrem Aufbau in der Hand des Reichsjugendführers, einsatzbereit für die fernen Ziele unseres Führers ...“ [57]

Es fragt sich nun, welche denn die „fernen Ziele des Führers" darstellten, wohin er sein Volk zu führen gedachte, was den Endzweck aller Maßnahmen des völkischen Staates ausmachen sollte.

Der völkische Staat als beste Organisationsform für den „Kampf" der Völker „ums Dasein"

In den vorhergehenden Kapiteln ist ausgeführt worden, welche Vorkehrungen die Nationalsozialisten trafen, in ihrem Herrschaftsbereich den durch sie vertretenen „Erkenntnissen" Geltung zu verschaffen. Eine Durchdringung des ganzen Volkes mit der völkischen Weltanschauung wurde angestrebt. Der „Wert" des deutschen Volkes stieg – nach Auffassung der Nationalsozialisten – folgerichtig um so mehr, je weiter diese Durchdringung fortgeschritten war, die Stellung der Deutschen in der „Rangordnung der Völker" [58] erhöhte sich im gleichen Maße.

Hier nun zeigt sich in Hitlers Denksystem ein entscheidender Wendepunkt von einer nur nach innen, auf den eigenen, auf den völkischen Staat gerichteten Politik auf eine nach außen zielende, andere Staaten betref-

---

[57] Eugen Frieder Bartelmäs (Hrsg.), **Das Junge Reich**. Vom Leben und Wollen der deutschen Jugend. Stuttgart, Berlin, Leipzig, o. J., S. 43.
[58] Eine solche Formulierung darf in Abwandlung des Wortes von der „Rangordnung der Rassen" (vgl., oben, S. 9) als durchaus „nationalsozialistisch gedacht" gelten.

fende Konsequenz der nationalsozialistischen Weltanschauung. Mit dem „Wert" des Volkes wuchs nämlich zugleich seine Daseinsberechtigung; ihr Anerkennung, „Raum" zu verschaffen, war die höchste außenpolitische Aufgabe des völkischen Staates. Die „Erkenntnis", von der ausgegangen wurde, lautete:

> „ ... Nur ein genügend großer Raum auf dieser Erde sichert einem Volk die Freiheit des Daseins ... " [59]

Die außenpolitische Konsequenz hieß dann:

> „ ... Die Außenpolitik des völkischen Staates hat die Existenz der durch den Staat zusammengefassten Rasse auf diesem Planeten sicherzustellen, indem sie zwischen der Zahl und dem Wachstum des Volkes einerseits und der Größe und Güte des Grund und Bodens andererseits ein gesundes, lebensfähiges, natürliches Verhältnis schafft. [60]
> Als gesundes Verhältnis darf dabei immer nur jener Zustand angesehen werden, der die Ernährung eines Volkes auf eigenem Grund und Boden sichert ..." [61]

---

[59] Hitler, **Mein Kampf**, a. a. O., S. 728.
[60] Auffällig ist, dass selbst die Teile aus Hitlers „Mein Kampf" mit „Rassebegriffen" durchsetzt sind, die sich mit außenpolitischen Fragen befassen. Diese Tatsache weist auf die Notwendigkeit hin, auch diese Passagen als einen Teil der Weltanschauung aufzufassen.
[61] Hitler, **Mein Kampf**, a. a. O., S. 728.

Das Missverhältnis zwischen Volkszahl und Raumgröße, das – nach Ansicht Hitlers – in Deutschland bestand, war auf eine verfehlte Politik zurückzuführen. Ihre Misserfolge auszugleichen, betrachtete Hitler als geschichtliche Mission der nationalsozialistischen Bewegung. Recht deutlich lässt sich in seinen Ausführungen die wechselseitige Durchdringung von innenpolitischen, „völkischen" Maßnahmen und außenpolitischen Zielen ablesen:

> „ ...*Die nationalsozialistische Bewegung ... muss ... ohne Rücksicht auf ‚Traditionen' und Vorurteile, den Mut finden, unser Volk und seine ganze Kraft zu sammeln zum Vormarsch auf jener Straße, die aus der heutigen Beengtheit des Lebensraumes dieses Volk hinausführt zu neuem Grund und Boden und damit auch von der Gefahr befreit, auf dieser Erde zu vergehen oder als Sklavenvolk die Dienste anderer besorgen zu müssen.*
>
> *Die nationalsozialistische Bewegung muss versuchen, das Missverhältnis zwischen unserer Volkszahl und unserer Bodenfläche ... zu beseitigen.* Sie muss sich dabei bewusst bleiben, dass wir als Wahrer höchsten Menschentums auf dieser Erde auch an eine höchste Verpflichtung gebunden sind, und sie wird um so mehr dieser Verpflichtung zu genügen vermögen, je mehr sie dafür sorgt, dass das deutsche Volk rassisch zur Besinnung gelangt und sich außer der Zucht von Hunden, Pferden und Katzen auch des *eigenen* Blutes erbarmt." [62]

---

[62] Ebd., S. 731 f.

Die Durchsetzung dieses außenpolitischen Anspruchs musste und durfte mit kriegerischen Mitteln angestrebt werden, das Schwert sollte dem Pflug den Boden geben. [63] Ein solcher Kampf brauchte sich nicht um bestehende Grenzen zu kümmern, da sie immer nur „einen scheinbaren Ruhepunkt in einer laufenden Entwicklung" [64] darstellten. Zum geltenden Recht im Leben der Völker sollte wieder das „Recht des Stärkeren" werden, das in der Natur noch ohne Einschränkung herrschte. Das Volk, das sich zuerst auf diesen natürlichen und darum guten Zustand zurückbesann, hatte die besten Aussichten, im „Kampf ums Dasein" den Sieg davonzutragen. Nur ein unbedingter Glaube an seine eigne Lehre konnte Hitler zu der maßlosen Annahme führen, mit der „Mein Kampf" schließt:

„ ... Ein Staat, der im Zeitalter der Rassenvergiftung sich der Pflege seiner besten rassischen Elemente widmet, muss eines Tages zum Herrn der Erde werden ..." [65]

Aus einer solchen Verblendung erwuchs die erschreckende Alternative: „Deutschland wird entweder Weltmacht oder überhaupt nicht sein." [66] Für das Scheitern eines solch maßlosen Anspruches legte das Gedankengebäude Hitlers schon in „Mein Kampf" eine – wiederum aus weltanschaulichen Quellen geschöpfte – Erklärung vor, die denen, die als Führer im Kampf auftraten, die Verantwortung abnehmen konnte:

---

[63] Vlg., ebd., S. 741 und S. 743.
[64] Ebd., S. 740.
[65] Ebd., S. 782.
[66] Ebd., S. 742.

„ ... Unterliegt aber ein Volk in seinem Kampf um die Rechte des Menschen, dann wurde es eben auf der Schicksalswaage zu leicht befunden für das Glück der Forterhaltung auf der irdischen Welt. Denn wer nicht bereit oder fähig ist, für sein Dasein zu streiten, dem hat die ewig gerechte Vorsehung schon das Ende bestimmt ...“ [67]

Die Hitler-Jugend als „Kampforganisation"

Es mag überraschen, dass der im vorhergehenden Kapitel dargestellte Teil der nationalsozialistischen Weltanschauung Auswirkungen hatte auf die organisatorische Form der Hitler-Jugend. Aber schon bestimmte Ausführungen Hitlers in „Mein Kampf" lassen die Verbindung offenbar werden [68]:

> „ ... *Der völkische Staat wird dafür sorgen müssen, durch eine passende Erziehung der Jugend dereinst das für die letzten und größten Entscheidungen auf diesem Erdball reife Geschlecht zu erhalten. Das Volk aber, das diesen Weg zuerst betritt, wird siegen.* " [69]

---

[67] Ebd., S. 105.

[68] Obgleich zu der Zeit, als Hitler „Mein Kampf" schrieb, die HJ noch nicht oder nur in ersten Ansätzen bestand, ist es berechtigt, ja erforderlich, die Teile dieses Buches, die sich auf die Jugenderziehung beziehen, als Grundsätze der HJ selbst zu betrachten. Hitlers Vorstellungen wurden nämlich für die Arbeit der HJ bestimmend.

[69] Hitler, **Mein Kampf**, a. a. O., S. 475.

Diese Vorstellungen Hitlers gewannen in der Hitler-Jugend Form. Die HJ verstand sich – schon von ihrer Geschichte her – als Kampforganisation.[70] Auch nach der Machtergreifung sollte sie – nicht zuletzt wegen des zu erwartenden, ja vorzubereitenden Kampfes nach außen – diesen Charakter behalten. Zwei organisatorische Grundsätze [71], welche die HJ vertrat, entsprangen diesem Besteben: der Grundsatz der Freiwilligkeit und das Prinzip der Selbstführung. Was nun verbarg sich hinter diesen Grundsätzen?

Der Grundsatz der Freiwilligkeit

Nach der Machtübernahme im Jahre 1933 entfiel auch für die Hitler-Jugend die „natürliche Auslese", die vorher – nach Auffassung der Nationalsozialisten – ihren Organisationen die „besten Kräfte des Volkes" zugeführt hatte. Obwohl sich der Totalitätsanspruch der Hitler-Jugend auch auf die Erfassung aller Jugendlichen erstreckte, sollte sie ihren Charakter als Ausleseorganisation und als Sammelbecken für die „wertvollsten" Bestandteile des Volkes behalten. Das „Prinzip der Freiwilligkeit" [72] sollte die erste, wenn auch grobe Auslese [73] darstellen, die nur die Jugendlichen der Hitler-Jugend zuführen sollte, die dem Nationalsozialismus aufge-

---

[70] Die Nationalsozialisten bezeichneten die Zeit vor 1933 als „Kampfzeit", die Parteigliederungen, die in dieser Zeit entstanden waren, als „Kampforganisationen".

[71] Auf Folgerungen, die sich für den Inhalt der Schulung in der HJ ergaben, wird im zweiten Teil dieser Arbeit eingegangen.

[72] Von Schirach, **Die Hitler-Jugend**, a. a. O., S. 72

[73] „Die größte Aufgabe und Verantwortung liegt für die Hitler-Jugend darin, dass sie den gesamten Nachwuchs der NSDAP zu stellen hat." (Wehner, **Die rechtliche Stellung der Hitler-Jugend**, a. a. O., S. 42) – Vgl. auch, Dietze, **Die verfassungsrechtliche Stellung der Hitler-Jugend**, a. a. O., S. 124 f..

schlossen gegenüber standen. Wörtlich schreibt Baldur von Schirach dazu:

> „. ... Nur wer freiwillig in die Organisation der HJ Eintritt, und damit freiwillig sein junges Leben für die nationalsozialistische Weltanschauung einsetzt, macht die Bewegung stark. *Trotz der Millionenmasse ihrer Anhänger sieht die nationalsozialistische Jugend nicht die Zahl der Masse, sondern den kämpferischen Wert des Einzelnen als das Entscheidende an.* Dieser Gedanke der Auslese scheint mir mit dem Prinzip der Freiwilligkeit der Zugehörigkeit zur HJ untrennbar verbunden ...“ [74]

Der Grundsatz der Freiwilligkeit wurde in der Hitler-Jugend zu einer Art Dogma, an dem nach außen hin auch noch festgehalten wurde, als die tatsächliche Entwicklung praktisch eine Zwangsmitgliedschaft zur HJ brachte. 1935 hieß es noch in Bezug auf die Freiwilligkeit:

> „ ... Der nationalsozialistisch regierte Staat wird ... nie Gesetze erlassen, die die Zwangsmitgliedschaft bei den nationalsozialistischen Jugendorganisationen fordern ...“[75]

Aber schon das Hitler-Jugend-Gesetz vom Dezember 1936 eröffnete die Möglichkeit zu einer zwangsweisen Erfassung der Jugendlichen, die Durchführungsverordnungen vom März 1939 brachten dann endgültig die

---

[74] Von Schirach, **Die Hitler-Jugend**, a. a. O., S. 72.
[75] Georg Usadel, **Hitler-Jugend – Schule – Elternhaus**. In: Die Höhere Schule. Zeitschrift des Nationalsozialistischen Lehrerbundes. I. Jg. (1934), H. 3, S. 73.

Jugenddienstpflicht. Selbst zu diesem Zeitpunkt wurde noch an der Fiktion festgehalten, die Hitler-Jugend könne als „Auslese-Organisation" wirksam bleiben. Neben die „allgemeine Hitler-Jugend", in der „alle tauglichen Jugendlichen pflichtgemäß" erfasst wurden, trat eine „Stamm-HJ", die „den gesamten Nachwuchs für die NSDAP und ihre Gliederungen zu erziehen" hatte. [76] Praktisch trat diese Unterscheidung aber kaum in Erscheinung. [77]

Neben diesen Maßnahmen, die dem Grundsatz der Freiwilligkeit offensichtlich widersprachen, gab es auch eine Reihe indirekter Zwangsmittel. Hierhin gehört zunächst die Monopolstellung, die der Hitler-Jugend im Dritten Reich eingeräumt war. Jeder, der sich überhaupt einer Jugendgruppe anschließen wollte, musste in die HJ eintreten, da er keine Wahlmöglichkeit besaß. – Die Mitgliedschaft zur Hitler-Jugend erleichterte berufliches Fortkommen oder ermöglichte es erst [78]; die Hitler-Jugend griff als Organisation sogar direkt in die Stellenvermittlung ein. [79] Jugendherbergsausweise wurden ab 1938 nur noch an Angehörige der HJ ausgegeben. [80]

---

[76] Vgl., **Das Junge Deutschland**, 33. Jg. (1939), Nr. 5, S. 193.

[77] Darauf weist hin: Klönne, **Hitler-Jugend**, a. a. O., S. 20.

[78] Ein „Runderlass des Reichs- und Preuß. Ministers des Innern v. 1. Nov. 1935" bestimmte: Es „ist zu fordern, dass Bewerber um Beamtenstellen, die nach dem 31.12.1935 das sechzehnte Lebensjahr vollenden, mit Erfolg der Hitler-Jugend angehört haben." (**Reichsbefehl**, 8/I, S. 134.)

[79] So wurde z. B. die „Lehrlingsauslese" für das Volkswagenwerk unter Mitwirkung von Dienststellen der HJ vorgenommen. (Vgl., **Reichsbefehl**, 23/III, S. 604.)

[80] Vgl., Kaufmann, **Das kommende Deutschland**, a. a. O., S. 53.

Alle hier angeführten Beispiele wiesen eine gemeinsame Tendenz auf, die 1942 in einer nationalsozialistischen Schrift sehr deutlich betont wurde:

> *„ ... Die Erfüllung des Ehrendienstes am deutschen Volk wird ... die grundlegende Voraussetzung für das spätere Leben eines jeden werden, der einen Platz in der Volksgemeinschaft beanspruchen will... "* [81]

Es zeigt sich, dass das häufig gebrauchte Wort vom „Prinzip der Freiwilligkeit" nicht die Wirklichkeit bei der Erfassung der Jugendlichen für die Hitler-Jugend widerspiegelte. Die Tatsache aber, dass es dennoch fortwährend laut verkündet wurde, kann nur verdeutlichen, wie fest das nationalsozialistische Regime durch von ihm selbst verkündete Grundsätze gebunden wurde.

Das Prinzip der Selbstführung

Auch der Grundsatz der Selbstführung sollte, wie der der Freiwilligkeit, zur inneren Festigkeit der Hitler-Jugend beitragen, den Wert der HJ als Kampforganisation erhöhen. Das „Prinzip der Selbstführung" entstand in den Jahren vor 1933 – wie Baldur von Schirach selbst ausführt [82] - aus praktischen Erwägungen. Jede der fast gleichzeitig entstehenden „nationalsozialistischen Organisationen bannte alle Führungskräfte in ihre eigenen Altersklassen". So waren damals die Führer der Hitler-Jugend jeweils nur wenig älter als die von ihnen geführten Jugendlichen.

---

[81] Edgar Randel: **Die Jugenddienstpflicht**. In: Das Junge Deutschland. Sonderveröffentlichung Nr. 1. Berlin, 1942, S. 27.
[82] Vgl., Von Schirach, **Die Hitler-Jugend**, a. a. O., S. 59 f.

Das aus der Not geborene Prinzip wurde aber auch nach der Machtübernahme aus mehr ideologischen Gründen beibehalten. Gerade die Jugend galt nämlich als besonders vollkommener Träger der nationalsozialistischen Weltanschauung. [83] Die Führung in einer revolutionären Organisation – wie die Hitler-Jugend eine war – durfte nicht der Generation überlassen bleiben, die noch älteren Vorstellungen verhaftet war:

„ ... In solchen Zeiten der Revolution tritt nun aber eine seltsame Verkehrung des Erziehungsverhältnisses ein. Während die ältere, mit der Erziehungsaufgabe betraute Generation am Gewordenen innerlich haften bleibt ... zeigt sich der völkische Nachwuchs ergriffen vom anderen, vom zukunftsbildenden Pol her: die Jungen sind in ihrem Heranwachsen mitgerissen von den Kräften des Ausbruchs und Aufbruchs aus dem völkischen Untergrund ... Wie soll da die ältere Generation erziehen über den Graben hinweg und einer Richtung, die selbst zum mindesten nicht in gleicher Weise die ihre ist?

Da greift die Jugend zur Selbsthilfe und Selbsterziehung. Die Möglichkeit dazu hat sie sich geschaffen mit ihren Bünden, ihren Gefolgschaften und ihrem Führertum. Der Generationsgegensatz

---

[83] Die Hitler-Jugend wurde als die nationalsozialistische Organisation verstanden, in der die Kraft der „Bewegung" gleichsam potenziert ruhte. Darauf deutet zum Beispiel folgende Formulierung hin: „*Die NSDAP. Ist die Partei der Jugend. Die Jugend der Partei ist ihre Garde.*" (Von Schirach, **Die Hitler-Jugend**, a. a. O., S. 180.)

wird gestuft: die reifere Schicht der Jungen übernimmt mit der Führung in den Bünden ... die erzieherische Funktion ...“ [84]

Es kann hier nicht untersucht werden, in welchem Maße die hier zitierte Begründung tatsächlich entscheidend dazu beitrug, das „Prinzip der Selbstführung" auch nach 1933 beizubehalten. Wohl aber muss berücksichtigt werden, dass praktische Erwägungen auch nach und gerade nach der Machtübernahme diese Entscheidung mitbestimmt haben. Die Hitler-Jugend nahm seit 1933 – rein zahlenmäßig gesehen [85] - einen ungeheuren Aufschwung. Zugleich wuchs der Bedarf an HJ-Führern so sehr, dass er kaum durch Erwachsene hätte gedeckt werden können. So waren 1939 insgesamt 765.000 Jugendliche [86] - zum großen Teil ehrenamtlich [87] - als HJ-Führer tätig. Nicht verkannt werden darf außerdem, dass ein Funktionieren der „Befehlspyramide" [88] um so eher gesichert war, als sie durch jugendliche Führer getragen wurde, die gerade wegen ihrer Jugend – eher als Erwachsene – bereit waren, sich kritiklos den Anordnungen der nächsthöheren Dienststellen zu beugen.

---

[84] Ernst Krieck, **Nationalsozialistische Erziehung**. Begründet aus der Philosophie der Erziehung. 5., unveränderte Auflage, Osterwieck/Harz und Berlin, 1940, S. 11 f.
[85] Eine gute Übersicht mit einer graphischen Darstellung findet sich bei: Kaufmann, **Das kommende Deutschland**, a. a. O., S. 41 ff.
[86] Ebd., S. 44.
[87] Alle höheren Dienststellen waren mit hauptamtlichen Führern besetzt, die ein Durchschnittsalter zwischen 25,1 Jahren (bei den Bannführern) und 30,6 Jahren (bei der Obergebietsführern) besaßen. (Vgl., ebd., S. 46.).
[88] Diesen Ausdruck gebraucht Helmut Kistler für den organisatorischen Aufbau der HJ. (Vgl., Kistler, **Die Hitler-Jugend**, a. a. O., S. 20).

Auf der anderen Seite ist jedoch auch nicht zu übersehen, dass das „Prinzip der Selbstführung" tatsächlich den Zusammenhalt zwischen Führer und Geführten wesentlich gestärkt haben mag, obwohl eine spontane Gruppenbildung ausgeschlossen war. [89]

---

[89] Vgl., Klönne, **Hitler-Jugend**, a. a. O., S. 59.

III. Inhaltliche Schwerpunkte
der weltanschaulichen Schulung

Im ersten Teil der Arbeit sind Kernbegriffe der nationalsozialistischen Weltanschauung dargestellt worden. Es wurde versucht zu zeigen, wie sie die Stellung der Hitler-Jugend im Staat mitbestimmten und die Organisationsform der HJ beeinflussten. Im zweiten Teil dieser Arbeit werden nun inhaltliche Schwerpunkte der weltanschaulichen Schulung dargestellt. Es wird sich dabei zeigen, dass sich gerade in der Schulung die völlige Abhängigkeit von jenen Grundbegriffen der Weltanschauung offenbarte.

Das Lehren des Rassengedankens in der Hitler-Jugend

Die Maxime, unter der die „Rassenlehre" der Nationalsozialisten in der Hitler-Jugend durchgeführt wurde, hatte Hitler in „Mein Kampf" aufgestellt:

> *„Die gesamte Bildungs- und Erziehungsarbeit des völkischen Staates muss ihre Krönung darin finden, dass sie den Rassesinn- und das Rassegefühl instinkt- und verstandesgemäß in Herz und Gehirn der ihr anvertrauten Jugend hineinbrennt ..."* [90]

Das Wissen um die wesentlichen Begriffe dieser „Lehre" wurde den Jugendlichen [91] in der sogenannten „weltanschaulichen Schulung" [92] vermit-

---

[90] Hitler, **Mein Kampf**, a. a. O., S. 475 f.
[91] Im „Jahrgangsschulungsplan" (er wird im dritten Teil dieser Arbeit näher erläutert) stand die erste Hälfte des zweiten Jahres in der Hitler-Jugend – als Teil der Gesamtorganisation – unter dem Thema „Das Volk und sein Bluterbe". Die Jugendlichen wurden also im Alter von 15 Jahren mit den „Rassegesetzmäßigkeiten" konfrontiert.

telt. In kindgemäßerer Form, aber im Kern unverändert, wurden die „Erkenntnisse" doziert. Ein Beispiel mag das belegen: In von der Reichsjugendführung herausgegebenen Mustern, nach denen die HJ-Führer in den unteren Einheiten ihre Schulungsarbeit auszurichten hatten, hieß es:

> „*Was ist Rasse?*
>
> Diese Frage müssen wir uns stellen und zuerst beantworten, um zu begreifen, was wir überhaupt damit bezwecken [93] wollen, wenn wir uns mit Rassenfragen beschäftigen. Denn wenn wir uns mit den Fragen der Rasse befassen, so tun wir das nicht, um uns mit interessanten Dingen die Zeit zu vertreiben, sondern wir tun es deshalb, weil wir aus der Vergangenheit gelernt haben und aus der Verantwortung vor der Zukunft unseres Volkes diese Fragen klar erkennen und beantworten können müssen, um unser Leben danach auszurichten. Was also ist Rasse? ..."[94]

Der Begriff der Rasse wird dann an Beispielen aus dem Tier- und Pflanzenreich erläutert. Dann aber wird die Parallele zum Menschen gezogen:

> „ ... Ebenso wie es nun verschiedene Rassen unter den Tieren und Pflanzen gibt, so gibt es auch unter den Menschen verschiedene Rassen... Die einzelnen Rassen sind nicht durch die Umge-

---

[92] Die „weltanschauliche Schulung" bildete einen festen Bestandteil der wöchentlichen Heimabende.

[93] Kennzeichnend für diese Art der „Lehre" ist es, dass sie nicht in dem Bestreben, Wissen zu vermitteln, betrieben, sondern nur im Hinblick auf ihre Nutzanwendung verbreitet wurde.

[94] **Die Kameradschaft**. Blätter für die Heimabendgestaltung in der Hitler-Jugend. Jg. 1936, Folge 1, S. 2.

bung und durch äußere Einflüsse so geworden, sondern sie sind naturgegeben, d. h. sie sind nach dem Willen Gottes da." [95]

„ ... Gott lässt die Gesetze, die er in die Natur legte, nicht ungestraft durchbrechen ... Während wir nun sehen, dass das freilebende Tier sich in der Rasse rein erhält, glaubt der Mensch, auf ihn träfen die Gesetze, die uns Gott [96] in seiner Natur gab, nicht zu. Wie groß dieser Irrtum ist, sehen wir aus der Geschichte der Völker, die einmal große Kulturen ins Leben riefen und die heute untergegangen sind ... Hätten alle einstmals großen Kulturvölker wie die Römer und Griechen sich rassisch rein erhalten, so wären sie nicht zusammengebrochen; denn Kulturvölker gehen nicht nach irgendwelchen dunklen höheren Gesetzen zugrunde, sondern gehen nur dann zugrunde, wenn sie rassisch entartet sind. [97] Das Schicksal aber dieser untergegangenen Kulturvölker muss uns Lehrer sein und uns deutlich die Wahrheit des Satzes zeigen, dass Rasse Schicksal ist...

Die Lehre von Blut und Rasse ist für uns nicht in erster Linie ein wichtiges und interessantes Stück Wissenschaft, sondern vor allen Dingen eine politisch-weltanschauliche Haltung, die unsere

---

[95] Ebd., S. 2 ff.

[96] Der häufige Gebrauch des Wortes „Gott" soll hier offensichtlich ein „Gott-Gewolltsein" der Maßnahmen suggerieren, mit denen der völkische Staat den natürlichen, von „Gott gegebenen Zustand" wiederherzustellen vorgab.

[97] Vgl., Hitler, **Mein Kampf**, a. a. O., 1. Bd., 11. Kapitel: „Volk und Rasse", S. 311 ff.

Einstellung zu vielen Fragen des Lebens überhaupt von Grund aus bestimmt ...“ [98]

In besonders eingängigen Schlagwörtern wurden die weltanschaulichen „Erkenntnisse" zusammengefasst:

„Rasse ist Schicksal; Das Erbe im Blut; Helden und Händler [99]; Gedenke, dass du Ahnherr bist; Deutschland ist eine Insel der Ordnung geworden [100]; Du bist nichts, dein Volk ist alles." [101]

Auch die Zusammenstellung dieser Parolen zeigt wieder, dass den Jugendlichen nicht das Wissen der Vererbungsgesetze vermittelt werden sollte – eine solche Aufgabe hätte auch die Schule übernehmen können -, sondern die praktische Nutzanwendung, die von den Nationalsozialisten aus ihnen gezogen wurde. Ziel aller Bemühungen war es, die Jugendlichen zu einem „Bekenntnis zu Blut und Ehre" zu veranlassen:

„ ... So wächst ein Geschlecht heran, dessen Wille zur Reinerhaltung der rassischen Gemeinschaft von früh auf gestählt und gehärtet wird. Was früheren Generationen verloren gegangen war, wird in Zukunft wieder ein selbstverständliches Gebot des völki-

---

[98] **Die Kameradschaft**, Jg. 1936, Folge 2, S. 11.
[99] Dem vorbildlichen Typ der „Ariers" wurde als abschreckendes Gegenstück der Typ des „Juden" gegenübergestellt.
[100] Dieses Schlagwort bezieht sich auf die „rassenhygienischen Maßnahmen" des Dritten Reichs.
[101] Die hier angeführten Schlagwörter bildeten die Rahmenthemen für sechs Hefte von „**Die Kameradschaft**" vom Januar bis März 1936.

schen Selbsterhaltungswillens sein: die Heiligung deutschen Blutes als des Garanten ewigen völkischen Lebens ...“ [102]

Dieses Bekenntnis sollte den Jugendlichen, wenn sie erwachsen waren, als Richtschnur des Handelns dienen:

„ ... Dieser Auslese [103] der deutschen Jugend muss es aber selbst bewusst werden, dass es einmal ihre heiligste Pflicht ist, ihr Blut ebenso wertvoll und zahlreich weiterzugeben, wie es ihre Ahnen einst taten. *Das, was unsere Vorfahren aus einem gesunden Instinkt durch Jahrhunderte hindurch taten ... muss nunmehr im Wissen um die wunderbaren Gesetze der Vererbung und der unserem Blut innewohnenden gottgewollten Werte zur letzten und höchsten Entfaltung gebracht werden ...* “ [104]

Wieweit Ziele, die von solchen Schriften und Aufsätzen sprachen, tatsächlich erreicht wurden und wieweit sie überhaupt erreichbar waren, kann hier nicht erörtert und beurteilt werden. Wohl aber mag daran erinnert sein, dass sich die Schöpfer des Dritten Reiches als Gründer eines völkischen Staates verstanden, der weitaus länger als jene zwölf Jahre

---

[102] Dietze, **Die Rechtsgestalt der Hitler-Jugend**, a. a. O., S. 74.

[103] Das Wort „Auslese“ steht hier im Zusammenhang mit einem im März 1940 von der Reichsjugendführung gegründeten Amt „Bauerntum und Ostland“. Jugendliche, die sich bereit fanden, den Beruf des Bauern zu ergreifen, sollten eine besonders wertvolle Auslese der deutschen Jugend bilden. Es darf aber ohne weiteres als gegeben angesehen werden, dass Forderungen, die an sie gestellt wurden, auch für den ebenfalls „auserlesenen“ Kreis der Hitler-Jugend Geltung besaßen.

[104] Rudi Peuckert: **Blut und Boden** – Erziehungsaufgabe der Hitler-Jugend. In: Odal, Jg. 1940, H. 8, S. 580.

dauern sollte, die ihm tatsächlich beschieden waren. In diesem Zusammenhang muss die Frage aufgeworfen werden, ob sich der völkische Staat auf die Dauer mit solch „harmlosen" Maßnahmen begnügt hätte, wie sie sich in der Pflicht für HJ-Führer zeigte, eine Verlobungs- und Heiratserlaubnis [105], gebunden an das Vorlegen eines „arischen Ahnenpasses", bei den Dienststellen der Hitler-Jugend einzuholen? Wäre es vielleicht nur noch eine Frage der Zeit gewesen, dass es dem völkischen Staat gelungen wäre, *„jenes edlere Zeitalter herbeizuführen, in dem die Menschen ihre Sorge nicht mehr in der Höherzüchtung von Hunden, Pferden und Katzen erblicken, sondern im Emporheben des Menschen selbst?"* [106] Wie lange hätte es wirklich noch gedauert, bis die nationalsozialistische Bewegung noch intensiver [107] dafür gesorgt hätte, „dass das deutsche Volk rassisch zur Besinnung gelangt und sich außer der Zucht von Hunden, Pferden und Katzen auch des eigenen Blutes erbarmt" [108] hätte? Der Ablauf der geschichtlichen Ereignisse hat uns die Antwort auf diese Fragen verweigert; ist es angemessener zu sagen: erspart?

„Körperliche Erziehung" als „Rassenpflege"

---

[105] Vgl., **Reichsbefehl**, 17/III, S. 459 f.

[106] Vgl., Hitler, **Mein Kampf**, a. a. O., S. 449.

[107] Ernst Krieck weist darauf hin, dass die Vorkehrungen, die das Dritte Reich auf dem Gebiet der „Rassenpflege" getroffen hätte, nur als der Anfang weitergehender Maßnahmen aufzufassen waren: „... Die naturhafte Sicherung, Erhaltung und Pflege des Rassebestandes im Wechsel der Generationen ... heißt *Züchtung*. Dazu hat der nationalsozialistische Staat mit seinen Gesetzen zur rassischen Reinigung, zur Familien – und Nachwuchspflege und zur Rassenhygiene die ersten Schritte getan ..." (Krieck, **Nationalsozialistische Erziehung**, a. a. O., S. 6.)

[108] Vgl. Hitler, **Mein Kampf**, a. a. O., S. 732.

Eine richtige Vorstellung vom ganzen Umfang dessen, was in der Hitler-Jugend im Sinne „rassenpflegerischer" Maßnahmen vorgenommen wurde, gewinnt man erst, wenn man auch die „Körperschulung" als einen Teil solcher Maßnahmen wertet. Es wäre falsch, die körperliche Erziehung in der HJ als ein Gebiet anzusehen, auf dem – jenseits aller weltanschaulichen Grundsätze – die Aufgaben der eingegliederten Turn- und Sportvereine [109] fortgeführt wurden. Sie ist – im Gegenteil – nur dann richtig zu begreifen, wenn erkannt wird, dass durch sie weltanschauliches Denken sichtbaren Ausdruck fand.

Auch für die körperliche Erziehung müssen wieder Ausführungen Hitlers in „Mein Kampf" als richtungweisend angesehen werden:

> „ ... So wie im allgemeinen die Voraussetzung geistiger Leistungsfähigkeit in der rassischen Qualität des gegebenen Menschenmaterials [110] liegt, so muss auch im einzelnen die Erziehung zuallererst die körperliche Gesundheit ins Auge fassen und fördern; denn in der Masse genommen wird sich ein gesunder, kraftvoller Geist auch nur in einem gesunden und kraftvollen Körper finden ...
> *Der völkische Staat hat in dieser Erkenntnis seine gesamte Erziehungsarbeit in erster Linie nicht auf das Einpumpen bloßen*

---

[109] Im November 1934 erfolgte die Eingliederung der Turn- und Sportjugend in die HJ. (Vgl., Von Schirach, **Die Hitler-Jugend**, a. a. O., S. 221.)
[110] In solchen Wendungen enthüllt sich das „Nicht-mehr-Menschliche", das „Unmenschliche" im Denken Hitlers. Der Einzelne verliert jeden Eigenwert als „Mensch" und wird bemessen nach seinem Wert als „Material". Material aber ist „geistlos", entwickelt also keine eigene Aktivität, es ist „verwendbar" und „formbar".

Wissens einzustellen, sondern auf das Heranzüchten kerngesunder Körper. Erst in zweiter Linie kommt dann die Ausbildung der geistigen Fähigkeiten ... " [11]

Den Forderungen Hitlers entsprach eine starke Betonung der körperlichen Erziehung in der Hitler-Jugend [112]; immer wurde dabei auf den engen Zusammenhang mit der „weltanschaulichen Schulung" hingewiesen:

„ ... Die körperliche Ertüchtigung ist die Grundlage und Voraussetzung für die weltanschauliche Schulung. Deshalb hat sich die Hitler-Jugend auch die Ertüchtigung der gesamten deutschen Jugend zur Aufgabe gemacht. Es darf dem Nationalsozialisten in Zukunft nicht mehr selbst überlassen bleiben, ob er seinen Körper schult und pflegt oder nicht. Im nationalsozialistischen Staat hat jeder – vor allem die Jugend – gegenüber der Gemeinschaft die Verpflichtung, seinen Körper gesund und leistungsfähig zu erhalten.

Die Hitler-Jugend hat durch ihr Programm der vielseitigen *körperlichen Ertüchtigung* die Grundlage hierfür geschaffen..."[113]

Allgemein klingt hier schon an, was 1939 nur besonders hervorgehoben wurde, aber schon vorher ebenso uneingeschränkt Geltung besaß: „Du

---

[111] Hitler, **Mein Kampf**, a. a. O., S. 451 f.

[112] Jeder Freitagabend war sportlichen Übungen vorbehalten, hinzu trat der Sonntagsdienst, der alle vierzehn Tage Sport, Geländedienst oder eine Fahrt vorsah. (Vgl., **Aufbaudienst 2**, Herausgeber: Die Befehlsstelle Südost der RJF, Wien, 1938, S. 9.)

[113] **HJ. im Dienst**. Ausbildungsvorschrift für die Ertüchtigung der deutschen Jugend. Herausgegeben von der Reichsjugendführung. Berlin, 1940, S. 26.

hast die Pflicht gesund zu sein!"[114] Gerade die Leibeserziehung, die den Großteil [115] der BDM-Arbeit ausmacht, stand im Zeichen der „Rassenpflege". In der Dienstanweisung, nach der die körperliche Schulung im BDM einheitlich durchgeführt wurde, heißt es wörtlich:

> „... Wir brauchen Mädel, die mit der Gesunderhaltung *ihres ganzen Körpers* die Voraussetzung schaffen für das Auswirken und Weitertragen unserer Weltanschauung.
>
> Unser Körper gehört uns nicht selbst, sondern unserem Volk..."[116]

Diese Aufgabenstellung entsprach genau den programmatischen Forderungen, mit denen Baldur von Schirach die Zielsetzung der „Arbeit am Körper" gekennzeichnet hatte:

> „... *Die Nationalsozialistische Deutsche Arbeiterpartei fordert in einer der 25 Punkte ihres Programms die Leibeserziehung aller Deutschen.* Die Bewegung geht hierbei von der Überzeugung aus, dass der Einzelne für die Reinerhaltung seines Blutes als Teil des nationalen Blutbestandes verantwortlich ist. Er ist verpflichtet, seine körperlichen Anlagen so zu entwickeln, dass die von ihm weitergegebene Erbmasse die Nation bereichert. Dies

---

[114] Die Arbeit der Hitler-Jugend stand jedes Jahr unter einer besonderen Parole; 1939 galt als das „Jahr der Gesundheitspflicht". (Vgl., u. a., **Reichsbefehl**, 5/IV, S. 90 f.)

[115] Von Schirach hatte festgelegt, dass ein Drittel der BDM-Arbeit für weltanschauliche Schulung zu verwenden sei, zwei Drittel der Zeit für Leibesübungen. (Vgl., von Schirach, **Die Hitler-Jugend**, a. a. O., S. 99.)

[116] **Mädel im Dienst**. BDM.-Sport. Herausgegeben von der Reichsjugendführung. Potsdam, 2., völlig neu bearbeitete Auflage 1940, S. 9.

gilt ganz besonders für das deutsche Mädchen als Trägerin des Lebens ..." [117]

Der „hohe Mutterberuf" galt wieder als „die natürliche Aufgabe und Erfüllung für jede gesunde Frau", Kinderreichtum wurde zu einer Auszeichnung vor der ganzen Nation. [118] In der Hitler-Jugend sollte das Mädchen schon auf seine künftige Aufgabe eingestimmt werden:

> „... Das Mädchen soll, indem es Körper und Geist in die straffste Schulung nimmt und so nach Vollendung der ihm gegebenen Anlagen strebt, seiner kommenden Bestimmung als Mutter neuer Geschlechter frei entgegengehen ..."[119]

Schon in den Jugendlichen sollte schlechthin der „Ehrgeiz" geweckt werden, später ihre Familien „hinaufzuzüchten" und damit einen „Geburtsadel des deutschen Volkes" zu schaffen. [120] Wenn eine „Erziehung" in der Hitler-Jugend auf dieses „Ziel" hin nur lange genug andauerte, dann würde sich der „Erfolg" mit Sicherheit einstellen:

> „ ... Durch die Erziehung von Generationen nach einheitlichen Gesichtspunkten in der Pflege des Sports und seines Geistes wird sich das gesamte Volk über die besondere Bedeutung eines gesunden, kraftvollen Körpers für sein rassisches Fortbestehen klar werden. Mit diesem Bewusstsein aber ist der Boden für eine bis

---

[117] Von Schirach, **Die Hitler-Jugend**, a. a. O., S. 100.
[118] Vgl., Brennecke (Hrsg.), **Vom deutschen Volk und seinem Lebensraum**, a. a. O., S. 69.
[119] Von Schirach, **Die Hitler-Jugend**, a. a. O., S. 98.
[120] Vgl., ebd., S. 219.

in ferne Zeiten wirkende Rassenpflege gegeben. Ihr Erfolg ist der beste Garant für den Fortbestand eines großen und mächtigen deutschen Volkes ..."[121]

Nur aus dem Denken der nationalsozialistischen Weltanschauung heraus wird verständlich, dass die „Leibeserziehung" die entscheidende Rolle im Erziehungsprogramm der Hitler-Jugend spielte. Als Maßstab für die Beurteilung eines Menschen galt sein Körper, geistige Fähigkeiten wurden gering geschätzt. „Denken" konnte nämlich nicht nur eine bedingungslose Unterordnung unter den Willen des Führers verhindern, sondern musste letzthin den Zusammenhalt des ganzen Systems gefährden. Nicht ein „Entscheiden" mit Hilfe des Verstandes wurde angestrebt, sonder ein „Reagieren" des Körpers. Erziehung zum Nationalsozialismus musste – nach dieser Auffassung – am Körper einsetzen; der Erfolg einer solchen Erziehung ließ sich dort am besten ablesen. Wahrhaft enthüllend wirken die Ausführungen Helmut Stellrechts über den „Wert körperlicher Ertüchtigung":

„ ... Der Körper ist die zuverlässigste Stelle, um Einsatz und Wirkung der Erziehung zu prüfen. Der Geist ist unkontrollierbar. Aber bei der körperlichen Erziehung ist kein Verstecken möglich ..."[122]

---

[121] „...Die Leibeserziehung wurde das wirksamste und wichtigste Mittel in dem Erziehungsprogramm der HJ." (**Mädel im Dienst**, a. a. O., S. 11.)
[122] Helmut Stellrecht, **Die Wehrerziehung der deutschen Jugend**, Berlin, 1938, S. 37.

Bildete die Kontrolle wirklich nur ein unwesentliches Nebenziel der körperlichen Ertüchtigung?

Der „Führer" – Kult um Adolf Hitler

Es ist kein Zufall, dass beim Abfassen der hier vorliegenden Darstellung immer wieder auf Äußerungen Hitlers zurückgegangen werden muss. Hitler war der eigentliche Schöpfer und Verkünder der „völkischen Lehre". Den Nationalsozialisten galt Hitler darum als „Heilsbringer", als „Träger der Wahrheit", als Retter aus höchster Not. Sein Buch, „Mein Kampf", wurde zu einer Art „Bibel" [123] aller „gläubigen" Nationalsozialisten; Hitlers Wort wurde richtunggebend. [124] Hitler war nicht etwa „Staatsoberhaupt", sondern „Führer" schlechthin. Er galt als der Schöpfer des „völkischen Staates", er hatte das Geschick dieses Staates zu lenken.

Unendlich viele Einzelheiten ließen sich zusammentragen, die schon im normalen Alltag des Dritten Reiches eine „Verehrung" Hitlers erkennen ließen. Wahrhaft kultische Formen nahm aber die „Verherrlichung des Führers" in der Hitler-Jugend an; ein wesentlicher Teil der „weltanschau-

---

[123] Von Schirach schreibt: „...Und als dann Hitlers ‚Kampf' erschien, war uns dieses Buch wie eine Bibel, die wir fast auswendig lernten ..." (Von Schirach, **Die Hitler-Jugend**, a. a. O., S. 17.)

[124] In seiner Aufmachung kennzeichnend für diese Tendenz war ein kleines Heftchen, das auf rot-umrandeten Seiten Auszüge aus „Mein Kampf" wie Bibelsprüche darbot; sie bildeten „Lebensworte für die Hitler-Jugend". (Adolf Hitler, **Lebensworte für die Hitler-Jugend**, Langensalza, Berlin, Leipzig, 1934.)

lichen Schulung" war dem „Führer" und seiner „Bewegung" gewidmet.[125]

Nach außen hin wurde die Verbundenheit der nationalsozialistischen Jugend mit ihrem „Führer" schon durch den Namen „Hitler-Jugend" dokumentiert. Baldur von Schirach formulierte entsprechende „Worte, die der Jugend Bekenntnis" geworden waren:

> „ ... Adolf Hitler, wir glauben an Dich! ... Du gabst uns Deinen Namen, den geliebtesten Namen, den Deutschland je besessen hat. Wir sprechen ihn in Ehrfurcht, wir tragen ihn in Treue, Du kannst dich auf uns verlassen ..."[126]

Am 20. April jeden Jahres, am Geburtstag des Führers, wurden die Zehnjährigen in das Deutsche Jungvolk aufgenommen. Am Vorabend dieses Tages hatten sie ihr erstes „Gelöbnis" auf den Führer abzugeben. Ein Jungvolk-Führer sprach zu ihnen:

> „Ihr, die ihr heute am Vortag des Geburtstages des Führers als neue Jugendgenossen in unsere Reihen kommt, sprecht mir nach:

---

[125] Dies geht schon aus dem „Jahrgangsschulungsplan" der HJ hervor. So stand u. a. das 4. Schulungsjahr im Deutschen Jungvolk unter dem Rahmenthema „Adolf Hitler und seine Mitkämpfer"; im 3. und 4. Jahr der Hitler-Jugend-Schulung wurden Gebiete wie „Das Werden der Bewegung, Das Aufbauwerk des Führers" mit Vorrang behandelt. (Vgl., Aufbaudienst 1, a. a. O., S. 14 ff.) – Die ersten beiden Heimabende im Jungvolk und bei der Jungmädelschaft standen unter dem Thema „Unser Führer Adolf Hitler". (Vgl., **Reichsbefehl**, 30/K, S. 18.)
[126] Abgedruckt in **Morgen**. Nationalsozialistische Jungenblätter, Jg. 1935, H. 8, S. 9.

‚Ich verspreche, im Deutschen Jungvolk allzeit meine Pflicht zu tun in Liebe und Treue zum Führer und unserer Fahne, so wahr mir Gott helfe!'"[127]

Nach vier Jahren Jungvolk-Dienst wurden die Vierzehnjährigen in einer bis in die letzten Einzelheiten festgelegten „Feierstunde" [128] in die eigentliche „Hitler-Jugend" überführt. Hier hatten die Jungen erneut eine Verpflichtungsformel zu sprechen: Ihr Anfang lautete:

„Ich gelobe, dem Führer Adolf Hitler treu und selbstlos in der Hitler-Jugend zu dienen ..."[129]

Adolf Hitler sollte das große Vorbild sein, dem alle nachstrebten. „Werdet wie Adolf Hitler", diese Forderung galt als „das Lebensgesetz aller kommenden Generationen". [130] Die Rolle Hitlers als „Heilsbringer" und „gottgesandter Retter des Volkes" klang in Liedern und Gedichten an, die in der HJ gelernt wurden:

„Gott, du bist in allen Starken mächtig,

darum halten wir uns fest an ihn,

den du uns gesandt, als wetternächtig,

abgrunddrohend unser Weg uns schien ..." [131]

---

[127] Nach: **Wille, Weg, Ziel – Jugend berichtet!** Leipzig, 1938, S. 34.

[128] Ihr Ablauf wurde vorgeschrieben durch: **Reichsbefehl**, 7/III, S. 181 - 188.

[129] Ebd., S. 184.

[130] Vgl., Wilhelm Kube, **Unsere Hitler-Jugend**. In: Wille und Macht, IV. Jg. (1936), Nr. 10, S. 2.

[131] Dies ist die erste Strophe eines Gedichtes von Herybert Menzel, abgedruckt in: **Freude – Zucht – Glaube**. Handbuch für die kulturelle Arbeit

Äußerst geschickt wurde auf diese Weise das Wirken Hitlers als unantastbar hingestellt; Kritik an einem „Gott-Gesandten" wäre „Frevel" gewesen. In letzter Konsequenz wurde das Bekenntnis zum Führer „Gottesdienst". Dies brachte eine Formel recht deutlich zum Ausdruck, die wiederum Baldur von Schirach geprägt hatte:

> „Wer Adolf Hitler, dem Führer dient, dient Deutschland, wer Deutschland dient, dient Gott!" [132]

Erhöht wurde die Wirksamkeit dieses „Führer"-Kultes vor allem dadurch, dass die Stellung Hitlers nicht etwa verstandesmäßig als die eines Staatsoberhauptes und Regierungschefs [133] erfasst wurde, sondern dass den Jugendlichen auf der Ebene des Emotionalen ein bestimmtes „Bild des Führers" eingeprägt wurde.

Muss man es als ein Zeichen für den Erfolg dieser Schulung werten, dass heute noch oft die Meinung vertreten wird, Hitler habe die Verbrechen, die im Dritten Reich geschahen, nicht gebilligt, ja, von ihnen nichts gewusst? [134]

---

im Lager. Herausgegeben vom Kulturamt der Reichsjugendführung. Potsdam, 1937, S. 76. f.

[132] Zitiert bei: Hans-Helmut Dietze: **Jugend und Staat**. Staatsphilosophische Betrachtungen zum Gesetz vom 1.12.1936. In: **Jugend und Recht**, 11. Jg. (1937), H. 3, S. 68.

[133] So hätte man formal die Stellung Hitlers aufgrund der Bezeichnung „Führer und Reichskanzler" umreißen können.

[134] Natürlich ist es schwierig, diese Meinung – etwa statistisch – zu belegen. Dennoch ist es möglich, sie einzeln nachzuweisen: Wenn in Gesprächen mit Leuten, die durch die Hitler-Jugend und andere nationalsozialistische Parteigliederungen geschult worden sind, die Frage aufgeworfen

Die völlige Einfügung in die „völkische Gesellschaft" als unabdingbare Forderung an jeden „Volksgenossen"

Dem Kult um Hitler, als dem höchsten aller nationalsozialistischen Führer, entsprach in der HJ – ebenso wie in den anderen Gliederungen der NSDAP – eine starke Betonung des Begriffes „Gemeinschaft". Nach nationalsozialistischer Auffassung sollte das ganze deutsche Volk eine solche Gemeinschaft bilden, jeder „Volksgenosse" ein treuer Gefolgsmann des Führers sein. In der HJ aber, in dem Teil des Volkes also, in dem das Wollen der völkischen Weltanschauung am klarsten zum Ausdruck kam, musste sich die Auffassung von der „völkischen Gemeinschaft" besonders rein verkörpern. Hitler selbst forderte von „seiner" Jugend das Bekenntnis: „Mein Wille – ist euer Glaube". [135] Der Gehorsam Hitler gegenüber übertrug sich auf seine Beauftragten: auf den Reichsjugendführer und auf andere Führer der Hitler-Jugend bzw. des Jungmädelbundes. Die Vierzehnjährigen gelobten dem Reichsjugendführer und allen Führern der HJ bzw. allen Führerinnen des BDM ihren Gehorsam. [136]

Hitler selbst hatte 1935 auf dem "Parteitag der Freiheit" vor der Hitler-Jugend verkündet:

---

wird: „Sind die ‚Auswüchse', die im Dritten Reich ‚vorgekommen' sind, wohl tatsächlich von Hitler selbst gebilligt worden?", wird verhältnismäßig oft eine Antwort, wie sie oben angedeutet wurde, gegeben werden.
[135] Vgl., **Reichsbefehl**, 7/III, S. 186.
[136] Vgl., ebd., S. 185 und S. 187.

„ ... Nichts ist möglich, wenn nicht *ein* Wille befiehlt, dem immer die anderen zu gehorchen haben, oben beginnend und ganz unten erst endend ...“ [137]

Getreu dieser Lehre Hitlers wurde den Jugendlichen immer wieder eingeprägt, dass sie als einzelne keinen „Wert" besäßen. Sie mussten lernen, sich immer nur als ein Glied in der langen Geschlechterkette des Volkes zu verstehen, durch das sie lebten und in dem sie weiterlebten. In einem Heft von „Die Kameradschaft" erfuhren die Hitlerjungen:

> „Wir als Einzelwesen sind nicht das Wichtigste. Unser Wert ist überhaupt nur dadurch gegeben, dass wir ein Teil des großen ewigen Volkes sind, das noch leben wird, wenn unsere Augen nicht mehr sehen, unsere Hände nicht mehr den Spaten oder das Gewehr tragen können, das noch leben und weiterhin vielleicht noch jetzt ungeahnte Werke schaffen wird, wenn wir als Körper längst dahin gesunken sind. Unsere Pflicht aber ist es, nicht in eigennütziger Weise uns selbst während der kurzen Spanne unseres Lebens zu dienen, sondern alles, was wir tun, dem Volk unterzuordnen, dem ewigen Leben des deutschen Volkes zu dienen. *Denn du als einzelner bist nichts. Dein Volk aber, in dem auch dein Blut, deine Arbeit, deine Opfer und deine Selbstaufgabe in die Jahrtausende weiterleben werden, ist alles.* " [138] [139]

---

[137] Hitler, **Die Reden Hitlers am Parteitag der Freiheit 1935**, a. a. O., S. 58. In: **Die Kameradschaft**, Jg. 1936, Folge 6, S. 13 wurden Teile dieser Rede als „Glauben" der deutschen Jugend verkündet.
[138] **Die Kameradschaft**, Jg. 1936, Folge 6, S. 5 f.

Mit diesen „Erkenntnissen" wurden die Angehörigen der HJ ständig vertraut gemacht. Auf den Überweisungsfeiern für den ältesten Jahrgang der Jungmädel in den BDM wurde das „Du bist nichts, dein Volk ist alles" in Versform dargeboten:

> „1. Sprecherin:
>
>> Du bist die Kette ohne Ende,
>>
>> Ich bin nur Deiner Glieder eins,
>>
>> Was ich beginne, was vollende,
>>
>> Ist nur Vollendung Deines Seins.
>
> 2. Sprecherin:
>
>> Ahn und Enkel fallen,
>>
>> Werden bald zu-nicht,
>>
>> Mächtig aus uns allen
>>
>> Steigst Du, Volk, ins Licht." [140]

Ein Abbild des Volkskörpers bildete die Partei und ihre Gliederungen; in ihnen fand das Wesen der Gemeinschaft ihren wahren Ausdruck. Wer also seiner „Bestimmung" entsprechen wollte, konnte dies am besten leisten, wenn er sich in eine dieser Gliederungen einfügte. Nur durch ein sol-

---

[139] Es fällt auf, dass in solchen Wendungen nicht etwa ein besonderer, der Hitler-Jugend in ihrer Eigenschaft als Jugendbund zukommender Begriff der Gemeinschaft vorgestellt, sondern dass vielmehr ein allgemeinerer, auch für die anderen Gliederungen der Partei gültiger Begriff von „Gemeinschaft" beschworen wurde. Verständlich wird diese Tatsache erst, wenn man bedenkt, dass die HJ nur als die erste einer ganzen Reihe von „Erziehungseinrichtungen" des nationalsozialistischen Staates gedacht war.
[140] **Reichsbefehl**, 14/K, S. 37.

ches Aufgehen im Ganzen konnte der Einzelne sich selbst verwirklichen. „Jeder Mensch ist genau so viel wert, als er für die Gemeinschaft bedeutet." [141] Das war der Maßstab, nach dem im völkischen Staat gemessen wurde. Seine Stellung in der Gemeinschaft wurde einem jeden durch die Gemeinschaft selbst zugewiesen:

> „ ... In einer wahren Gemeinschaft bekommt jeder den Platz, der ihm gebührt, weil jede wahre Gemeinschaft jeden erkennt. Das Urteil einer Gemeinschaft über den einzelnen ist unbestechlich und fast ohne Fehl. Sie, die jeden nach Gebühr einschätzt, ordnet ihn nach Gebühr ein. Weil die Persönlichkeit also erkannt ist und ihren Platz bekommt, ist sie in der Gemeinschaft auch glücklich. Sie findet sich in den anderen widergespiegelt und in sich selbst gehoben. Ihr wird in der wahren Gemeinschaft der Raum gegeben, der ihr gehört. Trotzdem steht sie nicht vereinzelt, sondern wird von den anderen mitgetragen. Eine wahre Gemeinschaft beherrscht *ein* Gedanken, *eine* Meinung..." [142]

Wer sich aber seiner „gerechten" Einordnung nicht fügte, beging die „Sünde wider die Einheit", in der HJ als besonders schwerwiegend zu betrachten, da in der Einheit der Jugend die politische Einheit der Zukunft verankert werden sollte. [143] Wer nicht für die Gemeinschaft zu arbeiten

---

[141] Stellrecht, **Die Wehrerziehung der deutschen Jugend**, a. a. O., S. 55

[142] Stellrecht, **Neue Erziehung**, a. a. O., S. 52.
[143] Vgl., Artur Axmann, **Der Reichsberufswettkampf**, Berlin, 1938, S. 18.

bereit war, verwirkte das Recht, in der Gemeinschaft leben zu dürfen. [144] Von den Nationalsozialisten wurde über die äußere Uniformierung hinaus die „Gleichförmigkeit des Denkens" [145] angestrebt. [146] Wenn aber die einheitliche Ausrichtung aller gelang, entstand schließlich die „brauchbare Gemeinschaft". [147] Sie zu schaffen, war das erste Ziel aller „erzieherischen" Bestrebungen im nationalsozialistischen Staat.

---

[144] Nach einem Ausspruch Hitlers, abgedruckt in: **Die Kameradschaft**, Jg. 1935, Folge 8, S. 1.
[145] Vgl., Stellrecht, **Neue Erziehung**, a. a. O., S. 182.
[146] In Wirklichkeit dürfte durch ein solches Streben nach Vereinheitlichung die schöpferische Vielfalt individueller Ansichten zurückgedrängt worden sein.
[147] Eine solche Formulierung verrät wiederum, dass die Gemeinschaft nicht um ihrer selbst oder um der vorgegebenen Ziele willen geschaffen werden sollte, sondern dass sie dazu dienen musste, den Einzelnen so zu formen, dass er für die „Führer" dieser „Gemeinschaft" verwendbar wurde.

Körperliche Ertüchtigung als vormilitärische Ausbildung

Das rassische Vorbild, das im Dritten Reich vorgestellt wurde, war das der „nordischen Rasse". Obwohl sie – das gaben die Nationalsozialisten selbst zu – auch in Deutschland nicht mehr rein vorhanden war, sollte durch ein Besinnen auf die besten Eigenschaften dieser Rasse eine Art Wiedergeburt des „nordischen Menschen" möglich werden. Eines der hervorstechenden Merkmale der „nordischen Rasse" war – so lehrten die Nationalsozialisten – ihre Bereitschaft zum Kampf. Helmut Stellrecht beschrieb den „Geist der nordischen Rasse" wie folgt:

> „ ... Der Geist des Angriffs ist der Geist der nordischen Rasse... Es ist der Geist des ewigen Aufbruchs, der immerwährenden Bereitschaft. Er greift in alle Ferne und erobert eine Welt, nicht um des Besitzens, sondern um des Eroberns willen... Es ist alles ein Geist, ein unbegreiflicher, großer, der in Sehnsucht sucht und drängt und überwindet. Er ist das Beste des Abendlandes, die Seele der nordischen Rasse: Der Geist des Angriffs..." [148]

Wie sehr solche Vorstellungen mit den konkreten Absichten und Plänen der Nationalsozialisten übereinstimmten, mögen folgende Ausführungen Hitlers beweisen:

> „ ... Wir kämpfen heute gegen eine feindliche Front, die wir durchbrechen müssen und durchbrechen werden. Wir ... werden zum Angriff schreiten, ganz gleich, ob er 10 oder 1000 Kilome-

---

[148] Stellrecht, **Die Wehrerziehung der deutschen Jugend**, a. a. O., S. 11.

ter hinter den heutigen Linien zum Stehen kommen wird. Denn wo immer auch unser Erfolg endet, er wird stets nur der Ausgangspunkt eines neuen Kampfes sein." [149]

Aus einem solchen Denken heraus galt „Kampf" nicht etwa als eine vorübergehende Ausnahmesituation, sondern als ein normaler Faktor in den Beziehungen von Staaten und Völkern untereinander. Die Vorbereitung auf den Kampf bildete dann eine selbstverständliche Notwendigkeit. [150]

Auf diesem Gebiet fiel nun der Hitler-Jugend eine weitere wichtige Aufgabe zu: Sie hatte eine Art vormilitärischer Ausbildung der Jungen vorzunehmen. Dies war – neben der „Rassenpflege" – die zweite Aufgabe der körperlichen Ertüchtigung.

Ganz allgemein sollte die körperliche Schulung die psychologische Bereitschaft zum Kampf von Jugend an fördern:

„ ...Die Schulung darf nicht zur Form erstarren, der Führer darf kein Ausbilder werden, der nur ein Programm durchführt. *Mit*

---

[149] **Hitlers zweites Buch**. Ein Dokument aus dem Jahr 1928. Eingeleitet und kommentiert von Gerhard L. Weinberg, mit einem Geleitwort von Hans Rothfels. (Veröffentlichungen des Instituts für Zeitgeschichte. Reihe: Quellen und Darstellungen zur Zeitgeschichte, Bd. 7.) Stuttgart, 1961, S. 77.

[150] Die ausführliche Behandlung geschichtlicher Ereignisse aus der germanischen und deutschen Geschichte, die im Jahrgangsschulungsplan der Hitler-Jugend vorgesehen war, diente dazu, bestimmte Tugenden, wie Treue, Tapferkeit, Mut, zu illustrieren; sie setzte sich nicht zum Ziel, geschichtliches Wissen zu vermitteln. (Vgl., Petter, **Die politische Erziehung der deutschen Jugend in der Hitler-Jugend**, a. a. O., S. 453.)

der Leistung aber soll der Stolz wachsen, mit dem Stolz das Selbstvertrauen. Dann erfüllen wir die Forderung des Führers, der allen, die in der Erziehungsarbeit der deutschen Jugend stehen, dieses wunderbare Wort gab: ,Mit diesem Selbstvertrauen, im Bewusstsein seiner körperlichen Kraft und seiner Gewandtheit, soll jeder Junge den Glauben an die Unbesiegbarkeit des ganzen Volkes gewinnen...'" [151]

Darüber hinaus aber wurden die Jugendlichen in der Hitler-Jugend auch praktisch auf den Waffendienst vorbereitet. Das geht allein schon aus dem Aufgabenbereich hervor, der der körperlichen Ertüchtigung zugerechnet wurde. In der „Ausbildungsvorschrift", nach der die körperliche Schulung einheitlich durchgeführt wurde, heißt es wörtlich:

„ ... Aufgabe der Jugend ist es, die körperliche Voraussetzung dafür zu schaffen, dass das heranwachsende Geschlecht den Anforderungen, die der Waffendienst der Nationen den Soldaten stellt, auch gewachsen ist. So ist das Ziel der körperlichen Ertüchtigung der Hitler-Jugend eine *gesunde, leistungsfähige und wehrfähige Jugend.*

Das Programm der körperlichen Ertüchtigung umfasst: *Die Grundschule in den Leibesübungen, das Luftgewehr- und Kleinkaliberschießen und den Geländesport.*" [152]

Die Grundschule der Leibesübungen bildete die „rassenpflegerische" Komponente der körperlichen Ertüchtigung. Schießausbildung und Ge-

---

[151] Ernst Schlünder, **Die körperliche Schulung im Deutschen Jungvolk.** In: Wille und Macht, IV. Jg. (1936), Heft 7, S. 5.
[152] **HJ. im Dienst**, a. a. O., S. 26 f.

ländedienst dagegen dienten – schon in Friedenszeiten – der Erziehung zur Wehrfreudigkeit und Wehrfähigkeit. [153] Die körperliche Ertüchtigung in der Hitler-Jugend bildete eine Vorstufe für die eigentliche militärische Ausbildung; der Wehrdienst selbst wurde zur „Krone des bisher gelebten jungen Lebens". [154] Alles, was in der HJ-Arbeit vielleicht noch als Spiel oder Sport angesehen werden konnte, wurde letzten Endes unter diesem Gesichtspunkt betrieben. Sehr deutlich beschrieb Helmut Stellrecht, was mit den einzelnen Übungen im Rahmen der körperlichen Ertüchtigung bezweckt wurde:

„ ... Alles bisher Gelernte dient, militärisch gesehen, zu gar nichts anderem, als um in bester Form an den Feind heran und zur Wirkung zu kommen. Der ‚Marsch' soll den Soldaten mit einer noch möglichst großen Kraftreserve heranbringen, das Zurechtfinden im Gelände soll ihn auf den richtigen Weg nach vorne führen, die Sinne sollen geschärft sein, um den Feind zu erkennen, das Gelände soll beurteilt und benutzt werden, um ohne Verluste den letzten Boden und den besten Einsatz zu gewinnen. Die Tarnung soll besonders noch gegen Entdecktwerden schützen. Die Leibesübungen sollen kraftvoll und schnell machen, um bei stärkster Anstrengung noch nicht außer Atem, noch ruhig zu sein. Aber all dies mühsam Erlernte ist umsonst, wenn der Mann, der so in bester Form an den Feind kommt, vorbeischießt. Letz-

---

[153] Dies wurde besonders betont in: **Hitler-Jugend 1933 bis 1943**. Die Chronik eines Jahrzehnts. In: Das Junge Deutschland, Jg. 37 (1943), H. 1/2, S. 37.
[154] Vgl., Stellrecht, **Neue Erziehung**, a. a. O., S. 146.

ten Endes hängt alle Entscheidung an dem gutgezielten, erfolgreichen Schuß, der den Gegner erledigt...“ [155]

Über die normale körperliche Ertüchtigung hinaus, die jeder Junge abzuleisten hatte, erfolgte in bestimmten Sondereinheiten der Hitler-Jugend, nämlich in der Marine-HJ, in der Motor-HJ, in der Flieger-HJ und in der Nachrichten-HJ für einen Teil der Jugendlichen eine noch intensivere Spezialvorbereitung auf den Waffendienst. [156] [157]

Es mag vielleicht schwer fallen, dies alles, was unter der Bezeichnung „körperliche Ertüchtigung“ ja bewusst von der „weltanschaulichen Schulung“ unterschieden wurde, dennoch als zur weltanschaulichen Schulung zugehörig zu begreifen. Diese Einstufung aber mag leichter fallen, wenn man bedenkt, dass es geradezu ein Gebot für jegliche HJ-Arbeit war, durch „Erleben“ zu erziehen. Was aber konnte den Jugendlichen stärker und nachhaltiger zur Kampfbereitschaft abrichten als ein tätiges Auf-

---

[155] Stellrecht, **Die Wehrerziehung der deutschen Jugend**, a. a. O., S. 101.

[156] Vgl., **Das Junge Deutschland**, Jg. 37 (1943) H. 1/2, S. 37. Hier finden sich auch nähere Angaben über die Stärke der einzelnen Sonderheiten. – Von 1939 an mussten die Gebiete jährlich eine bestimmte Anzahl von Jungvolk-Jungen für den Dienst in den Sondereinheiten bereitstellen. (Vgl., **Reichsbefehl**, 6/IV, S. 113 ff. und 14/K, S. 26 ff.) – Den eigentlichen „Kriegseinsatz“ der HJ, der trotz der ständigen Vorbereitung auf „Kampf“ als eine Ausnahmesituation angesehen werden muss, und auf den deshalb hier nicht besonders eingegangen wird, schildert ausführlich: Kaufmann, **Das kommende Deutschland**, a. a. O., S. 313 – 363.)

[157] Am 20. Januar 1939 wurde außerdem eine „Vereinbarung zwischen dem Oberkommando der Wehrmacht und der Reichsjugendführung“ geschlossen, dass „die Ausbildung der gesamten Führerschaft auf allen Gebieten der Wehrertüchtigung in besonderen Schulungslehrgängen“ regelte. (Vgl., **Reichsbefehl**, 4/IV, S. 69-72.)

wachsen mit der Praxis des Kampfes, auch wenn sie noch nicht den vollen Ernst der kriegerischen Auseinandersetzung zeigte. [158] Ziel der körperlichen Schulung war es, bei allen Jugendlichen das zu erreichen, was Baldur von Schirach der Hitler-Jugend der „Kampfzeit" schon 1934 nachgerühmt hatte:

> „ ... Die Hitler-Jugend hat einen neuen Typ geschaffen, den Jungen, der mit 12 Jahren für seine Idee sterben kann, wie ein sturmerprobter Soldat an der Front ..." [159]

Hatte Schirach vorausgeahnt, dass zehn Jahre später von vielen Hitlerjungen tatsächlich ein solches Opfer verlangt werden sollte? [160]

---

[158] Ein Erleben der Praxis des Kampfes wurde auch durch ein breitangelegtes System von Wettkämpfen vermittelt, das in der HJ angewendet wurde. Hierher gehören u. a. das Ablegen der „Pimpfen-Probe", der Erwerb des „HJ-Leistungsabzeichens", der Reichssport- und der Reichsberufswettkampf.

[159] Von Schirach, **Hitler-Jugend, die neue Idee in der neuen Gestalt**. In: Wille und Macht, 1. Jg. (1933), Heft 7, S. 3.

[160] Vgl., **Die Hitler-Jugend im Volksaufgebot**. In: Das Junge Deutschland, 38. Jg. (1944), Nr. 11/12, S. 181.

IV.   Methodische Schwerpunkte
der weltanschaulichen Schulung

Im dritten Teil dieser Arbeit sollen methodische Schwerpunkte der weltanschaulichen Schulung in der Hitler-Jugend hervorgehoben werden. Im Verlauf der bisherigen Darstellung hat es sich von selbst ergeben, dass bestimmte methodische Gesichtspunkte schon angeklungen sind, ohne sie eingehender behandeln zu können. Soweit es erforderlich erscheint, werden sie in den folgenden Kapiteln aufgegriffen werden.

Für die Darstellung der methodischen Schwerpunkte drängt sich eine Dreiteilung auf: Zunächst muss nämlich noch einmal auf die Organisation der Hitler-Jugend eingegangen werden, da sie auch als methodisches Prinzip – gerade in Hinblick auf die Einheitlichkeit der Schulung – von großer Bedeutung war. Dann werden Einzelheiten der Mannschaftsschulung – damit wurde die Schulung aller HJ-Angehörigen bezeichnet, die nicht ein Führer-Amt ausübten – aufgezeigt. Schließlich werden die besonderen Formen der „Führungsschulung" untersucht.

Der organisatorische Aufbau der Hitler-Jugend als methodisches Prinzip

An der Spitze des streng hierarchischen Aufbaus der Hitler-Jugend-Organisation stand der Reichsjugendführer. [161] Es wäre aber falsch anzunehmen, dass von ihm selbst oder von der von ihm geführten Dienststelle die Richtlinien und Befehle ausgingen, die für die gesamte Arbeit der HJ bindend waren. Eine Bestimmung, die auch den Reichsjugendführer zu

---

[161] Vgl., oben, S. 20.

einem Befehlsweiterträger degradierte, zeigt vielmehr noch einmal deutlich, dass die Hitler-Jugend nur als Teil des ganzen, von der NSDAP beherrschten staatlichen Apparates zu verstehen ist:

> „ ... Wie für alle nationalsozialistischen Gemeinschaften sind auch für die Hitler-Jugend die Richtlinien des Beauftragten des Führers für die gesamte geistige und weltanschauliche Erziehung der NSDAP bindend. Nur innerhalb dieser Richtlinien kann der Reichsjugendführer die weltanschauliche Schulungsarbeit in der Hitler-Jugend durchführen." [162]

Wichtig war es, dass alle Befehle und Richtlinien, die die Reichsjugendführung weitergab, bis zu den untersten Einheiten der HJ hin strikt befolgt wurden. Der organisatorische Aufbau der HJ ermöglichte es, dieses Ziel zu erreichen. Nichts lässt die Arbeitsweise des ausgeklügelten Befehlsmechanismus in der Hitler-Jugend deutlicher zutage treten als Auszüge aus einer nationalsozialistischen Schrift in der „Aufbau und Abzeichen der Hitler-Jugend" beschrieben wurden:

> „ ... Die Reichsjugendführung ist die höchste Dienststelle der Hitler-Jugend... Die Reichsjugendführung erlässt *in dieser Eigenschaft* reichseinheitliche *Befehle, Anordnungen* und *Richtlinien* und *überwacht* ihre Durchführung. Sie ist für die einheitliche Erziehung der Jugend im ganzen Reich *verantwortlich* ... [163]

---

[162] Wehner, **Die rechtliche Stellung der Hitler-Jugend**, a. a. O., S. 51.
[163] **Aufbau und Abzeichen der Hitler-Jugend**, a. a. O., S. 51.

... Die Gebiete sind den Bannen unmittelbar vorgesetzt und der Reichsjugendführung direkt unterstellt. Die auf diese Weise erreichte Ausschaltung sämtlicher Zwischeninstanzen gewährleistet ... die denkbar schnellste und kürzeste Befehlsdurchgabe. Die Führer der Gebiete sind für die einheitliche Ausrichtung sowohl ihrer Führerschaft als auch des gesamten Gebietes verantwortlich und überwachen die Durchführung der von der Reichsjugendführung gegebenen Befehle.

Durchschnittlich findet monatlich einmal eine Führertagung der Bann- und Jungbannführer statt, auf der einheitlich Richtlinien und Befehle erteilt werden... [164] [165]

... Der Bann ist der Träger der allgemeinen HJ-Arbeit. Es ist die Pflicht und die Aufgabe des Bannes, sämtliche Jungen einheitlich auszurichten ...[166]

... Der Führer des Stammes gilt für seinen Bereich als der Beauftragte des Bannführers und hat ... die alleinige Aufgabe, den Dienst seiner unteren Einheiten zu prüfen und zu überwachen und dem Bannführer Berichte über seine Beobachtungen zu ge-

---

[164] Ebd., S. 50.

[165] Außerdem wurden von der Reichsjugendführung auch direkt Befehle an untergeordnete Dienststellen weitergegeben. Im „Reichsbefehl der Reichsjugendführung der NSDAP", der nur bis an die Bannführer der HJ, an die Jungbannführer des DJ, an die Untergauführerinnen des BDM und die Jungmädel-Untergauführerinnen des JM verteilt wurde, erschienen ab 1936 wöchentlich genaue Anweisungen für die Durchführung der HJ-Arbeit.

[166] **Aufbau und Abzeichen der Hitler-Jugend**, a. a. O., S. 47.

ben. Er sorgt für die Durchführung der gegebenen Befehle und Anordnungen. Von Zeit zu Zeit zieht er seine Unterführer zusammen, um ihnen einheitliche Arbeitsrichtlinien zu vermitteln. [167]

... Die Gefolgschaft ist die unterste Verwaltungsdienststelle der HJ ... Um eine einheitliche Ausbildung seiner vier Scharen sicherzustellen, ruft der Gefolgschaftsführer seine Schar- und Kameradschaftsführer zu regelmäßigen Führerbesprechungen zusammen, auf denen er die Anordnung seiner vorgesetzten Dienststelle bekannt gibt ... [168]

... Der Scharführer hat die Aufgabe, seine vier Kameradschaften in einer einheitlichen Linie zu führen ... [169]

... Die kleinste (der) ... Einheiten ist die *Kameradschaft*. Sie hat ihrem Namen entsprechend die Aufgabe, die Jungen zu einer unverbrüchlichen Einheit zusammenzuschmieden, deren höchste Tugend und größte Pflicht die Disziplin und der Gehorsam ... ist ... Ihr Führer ist der Kameradschaftsführer, der die volle Verantwortung für den Geist und die Ausbildung in seiner Einheit trägt ... " [170] [171]

---

[167] Ebd., S. 46.
[168] Ebd., S. 44.
[169] Ebd. S. 46.
[170] Ebd., S. 43.
[171] Die entsprechenden Angaben finden sich in den verschiedenen Abteilungen der Hitler-Jugend, also im DJ, im BDM und JM. (Vgl., ebd., S. 52 ff.)

Diese Zusammenstellung enthüllt, wie gering für den einzelnen Führer die Möglichkeit war, selbständig zu arbeiten. Tatkräftig in der Arbeit, aber zurückhaltend in der persönlichen Auffassung sollte ein jeder im Dienst am Ganzen sein. [172] Nur wenn alle diesen Grundsatz beherzigten, konnte die Einheitlichkeit der Schulung sichergestellt werden.

Seit 1936, als zum erstenmal die Zehnjährigen fast vollständig im Deutschen Jungvolk erfasst wurden, [173] konnte in der HJ damit begonnen werden, innerhalb der vier Unterabteilungen – DJ, HJ, JM und BDM – einen „jahrgangsweisen Aufbau" einzuführen. So bestand ein Fähnlein des Jungvolks aus vier, nach Altersgruppen getrennten Jungzügen, eine Gefolgschaft der HJ aus vier, ebenfalls altersmäßig gegliederten Scharen. Dieses System ermöglichte es, die Schulung noch mehr zu perfektionieren. Nach einem besonderen „Jahrgangsschulungsplan" [174] konnten die verschiedenen Altersgruppen Jahr für Jahr in derselben Art geschult werden:

> „ ... Innerhalb der achtjährigen Dienstzeit in der HJ. wird durch diesen jahrgangsweisen Aufbau eine methodische Schulung der einzelnen Jugendlichen erreicht. Jahr für Jahr kann so für die einzelnen Jahrgänge eine vorgesehene Ausbildung durchgeführt ... und den Pimpfen und Hitlerjungen immer neue Fähigkeiten anerzogen werden. Mit dem jahrgangsweisen Aufbau ist ein

---

[172] Vgl., ebd., S. 35.
[173] Vgl., Kaufmann, **Das kommende Deutschland**, a. a. O., S. 43.
[174] Vollständig abgedruckt ist der „Jahrgangsschulungsplan" in: **Aufbaudienst 1,** a. a. O., S. 14 – 16.

Ausbildungsziel aufgestellt, das bei Einhaltung der jährlich gestellten Aufgaben nach achtjährigem Dienst in der Hitler-Jugend
erreicht werden muss ...“[175]

Die Einheitlichkeit und Gleichförmigkeit [176] der Schulung hatte durch
dieses System ihren Höhepunkt erreicht.

Die „Mannschaftsschulung" der HJ auf Heimabend, Fahrt und Lager

Das Kernstück der weltanschaulichen Schulungsarbeit – im Sinne des
Lehrens von weltanschaulichen Grundsätzen – wurde auf den Heim-
nachmittagen und Heimabenden [177] geleistet. Sie fanden wöchentlich zu
einer bestimmten Zeit [178] statt und fassten die Mitglieder der HJ scharwei-
se [179] zusammen. Der zu behandelnde Stoff wurde den Führern der Einheiten direkt von der Reichsjugendführung vorgeschrieben: Anhand von
Heimabendmappen [180], die jeweils unter einem besonderen Thema stan-

---

[175] Kaufmann, **Das kommende Deutschland**, a. a. O., S. 40 f.
[176] Sie konnte auch dadurch nur wenig gemildert werden, dass der „Jahrgangsschulungsplan" in beschränktem Umfang die Möglichkeit bot, auch
aktuelle, nicht auf lange Sicht festlegbare Themen zu behandeln.
[177] Nur die Abende und Nachmittage, auf denen weltanschauliche Themen behandelt wurden, durften „Heimabend" und „Heimnachmittag" ge-
nannte, alle übrigen, im Heim stattfindenden Dienste mussten als „Heim-
dienst" gekennzeichnet werden. (Vgl., **Reichsbefehl**, 12/IV, S. 231.)
[178] Die älteren Jahrgänge kannten den „Heimabend", die jüngeren den
„Heimnachmittag", jeweils am Mittwoch stattfindend.
[179] Die Schulungsabende des DJ, dem BDM und der JM fanden in den
entsprechenden Einheiten auf derselben Ebene statt. (Vgl., **Reichsbefehl**,
13/II, S. 308.)
[180] Für die Hitler-Jugend wurde „Die Kameradschaft", für das Jungvolk
„Die Jungenschaft" herausgegeben; für den BDM erschien „Die Mädel-

den, hatten sie die Schulung durchzuführen. Bis in die letzten Einheiten wurde vorgeschrieben, wie ein Heimabend abzulaufen hatte. [181]

Besonders unterstützt, aber zugleich auch gelenkt wurde die Schulungsarbeit außerdem durch die „Stunde der jungen Nation". Jeden Mittwochabend brachte der „Deutschlandsender" ein Hörspiel, das „lebendig in Grundhaltung und Grundgedanken" den Heimabend einleiten sollte. Wo es möglich war, wurde diese Sendung von den Einheiten gemeinsam gehört. [182]

Die völlig starre Regelung der Heimabenddurchführung erlaubte es den einzelnen Führern wiederum nicht, den Abend nach irgendwelchen persönlichen Gesichtspunkten und Vorstellungen - im eigentlichen Sinne des Wortes – zu gestalten. Sie verlangte im Gegenteil von ihnen lediglich, Anweisungen auszuführen. Auf diese Weise wurde es möglich, die gesamte Schulung bis in letzte Einzelheiten „reichseinheitlich" abzuhalten.

Um diese Einheitlichkeit in jedem Fall zu gewährleisten, wurde jeweils im Winterhalbjahr eine genau geregelte „Heimabendkontrolle" [183] durchgeführt. In von den Gebiets- bzw. Obergauführungen bereitgestellten Dienstwagen wurden besonders beauftragte „Kontrolleure" in verschiedenen Orten abgesetzt. Dort hatten sie – unangemeldet – das Recht, die

---

schaft", für die Jungmädel „Die Jungmädelschaft". (Vgl., Kaufmann, **Das kommende Deutschland**, a. a. O., S. 128.)

[181] Die genaue Art der Anweisungen lässt sich in jeder beliebigen Ausgabe der vier Heimabendmappen ablesen.

[182] Nähere Einzelheiten über die von der HJ gelenkte Rundfunkarbeit finden sich bei: Kaufmann, **Das kommende Deutschland**, a. a. O., S. 150 f.

[183] Vgl., **Reichsbefehl**, 34/II, S. 929 f. und 28/III, S. 742.

Durchführung der Heimabende zu begutachten. Ihr Urteil mussten sie in besonderen Meldungsformularen [184] festhalten, die dann zentral zusammengestellt und ausgewertet wurden. Die oberen Dienststellen der Hitler-Jugend behielten so stets einen genauen Überblick über den Stand der Schulungsarbeit in den unteren Einheiten, die unteren HJ-Führer aber standen unter einem zusätzlichen Zwang, ihre Abende unter allen Umständen den Anweisungen gemäß durchzuführen.

Als weitere wichtige „Stätten der Schulungsarbeit" galten im HJ-Dienstplan Fahrt und Lager. [185] Diese beiden Schulungsarten sind wiederum in die Kategorie „Schulung durch Erleben" einzuordnen. Ganz kurz soll an dieser Stelle aufgezeigt werden, was unter diesem häufig gebrauchten Schlagwort zu verstehen war:

> „ Der Reichtum einer Jugend besteht in ihrem Erleben. Aus ihm schöpft sie unaufhörlich. Die Bilder, die sie begleiten, die Empfindungen, die ihr Herz bewegen, die Anschauungen, die sie gewinnt, alle erhält sie durch ihr Erleben. Alles, was nur durch den Verstand ging, haftet nicht. Aber alles, was durch Erleben bewegte, senkt die Wurzeln lebendig ein und wächst lebendig im jungen Geist weiter ..." [186]

Schulung durch Erleben war in der Hitler-Jugend zur beherrschenden Methode erhoben:

---

[184] Ein Muster findet sich in: **Reichsbefehl**, 34/II, S. 929 f.
[185] Vgl., **Aufbaudienst** 2, a. a. O., S. 13.
[186] Stellrecht, **Neue Erziehung**, a. a. O., S. 36.

„ ... Man geht nicht vom zu beherrschenden Stoff aus, sondern vom Erleben und erzieht durch das Erleben. Ob das Fahrt oder Lager ist. Geländedienst, Schießen oder weltanschauliche Schulung, alles wird an den Jungen oder an das Mädel herangetragen, um ihm ein Erlebnis zu bieten." [187]

Die Fahrt brachte nun ein Nebeneinander von verschiedenen Erziehungsformen:

„Die Fahrt wird dadurch zu einem besonders wertvollen Erziehungsmittel, weil hier mehrere Dinge zugleich gepflegt werden können: Geländesport, Kameradschaftsdienst und Liebe zu Heimat und Vaterland ..." [188]

Auf keinen Fall aber sollte die Fahrt persönlichen „Genuß von Natur und Landschaft" bieten, sondern als „Schulungsobjekt" stets eng mit den Gesichtspunkten, die auch in der Heimabendschulung berücksichtigt wurden, übereinstimmen. [189] Die Kenntnis der Heimat sollte die Liebe zur Heimat stärken, sie aber von der Notwendigkeit zur Verteidigung der Heimat überzeugen.

In den Sommermonaten wurde in der HJ ein Schwergewicht auf die „Arbeit im Lager" gelegt. Als besonders wertvoll wurde in diesen Lagern der

---

[187] Ebd., S. 36.
[188] Petter, **Die politische Erziehung der deutschen Jugend in der Hitler-Jugend**, a. a. O., S. 453.
[189] Vgl., **Aufbaudienst 2**, a. a. O., S. 13.

Zwang zur Gemeinschaft [190] angesehen. Der Dienstplan, der für die verschiedenen Lager wiederum „reichseinheitlich" vorgeschrieben war,[191] sah eine Kombination von körperlicher Ertüchtigung und eigentlicher Schulung vor. [192] Auch hier galten einheitliche Richtlinien, nach denen die Schulung durchzuführen war; nur das vom Amt WS (weltanschauliche Schulung) bereitgestellte Material war für die Arbeit in den Lagern zugelassen, die Verwendung irgendwelchen anderen Schulungsmaterials bedurfte besonderer Genehmigung. [193] Auf diese Weise wurde auch während der Sommermonate die einheitliche Durchführung der HJ-Arbeit gesichert.

Es lässt sich ohne weiteres erkennen, dass die gesamte „Mannschaftsschulung" der Hitler-Jugend in ihren drei Hauptabteilungen – Heimabend, Fahrt und Lager – als eine Einheit begriffen werden muss. Die straffe Reglementierung aller Betätigungsbereiche ließ den Jungen und Mädchen nirgends und zu keiner Zeit die Möglichkeit, eigene Initiative zu entfalten. Die ständige Praxis des Angeleitet-Werdens und des Ausführens von Anweisungen musste schließlich die letzten Ansätze zu selbständigem Handeln ersticken und eine weitgehende Abhängigkeit von Befehlen und Anordnungen heraufbeschwören. Tatsächlich dürfte es durchaus ein Anliegen der nationalsozialistischen Führer gewesen sein, die Lenkbarkeit der Massen ständig zu erhöhen.

---

[190] Vgl., **Mädel im Freizeitlager.** Herausgegeben im Auftrag des BDM. – Obergauer Pommern von Gerda Gauger. Potsdam, o. J., S. 34.

[191] Vgl., **Reichsbefehl**, 11/II, S. 271 und 13/II, S. 317.

[192] Vgl., **Mädel im Freizeitlager**, a. a. O., S. 41 - 43

[193] Vgl., **Reichsbefehl**, 18/III, S. 505.

Das System der Führer-Schulung in der Hitler-Jugend

Die sog. „Mannschaftsschulung", das dürfte im vorhergehenden Kapitel deutlich geworden sein, legte das Hauptgewicht darauf, alle Jugendlichen durch eine einheitliche Ausbildung zu erfassen. Recht deutlich unterschieden von dieser Breitenarbeit wurde die „Führerschulung", die nur einer begrenzten Anzahl „Ausgelesener" zuteil wurde. In der Führerschulung wurde das Prinzip der Auslese [194] besonders wirksam, und ihr kam gerade dieser Aufgabe wegen in der HJ-Arbeit hohe Bedeutung zu. Das System der Führerschulung ist deshalb mit dem Grundsatz der Auslese untrennbar verbunden.

Die erste Auswahl der für eine Schulung als „Unterführer" [195] geeigneten Jungen nahmen die Schar- bzw. Jungzugführer schon unter den 14 – 15-jährigen Hitler-Jungen bzw. 10 – 11jährigen Pimpfen [196] vor. Erst wenn ihr Vorschlag auch von einer ganzen Reihe höherer Dienststellen der HJ befürwortet worden war, erhielten die Vorgeschlagenen das Recht, in besonderen „Ausbildungseinheiten" der HJ ihren Dienst zu tun. In solchen Ausbildungseinheiten wurden die Jungen ein Jahr lang besonders geschult. [197] Diese Regelung war vor allem in Städten üblich, während auf

---

[194] In der Hitler-Jugend sollten nicht nur künftige HJ-Führer ausgelesen werden, sondern darüber hinaus „die kommenden Führer für Partei, Staat und Wirtschaft". (Vgl., Petter, **Die politische Erziehung der deutschen Jugend in der Hitler-Jugend**, a. a. O., S. 455.)

[195] So wurden die Führer unterer HJ-Einheiten bezeichnet. Vgl., **Reichsbefehl**, 28/III, S. 742.)

[196] Als „Pimpf" wurde ein Jungvolk-Junge bezeichnet, wenn er eine besondere Prüfung, die „Pimpfprobe", abgelegt hatte.

[197] Nach: Kaufmann, **Das kommende Deutschland**, a. a. O., S. 48 f.

dem Lande die Ausbildung neuer Führer in besonderen „Wochenendschulungen" vorgenommen wurde, die meistens in Jugendherbergen und Zeltlagern stattfanden. [198] Diese Wochenendschulungen wurden jeweils im Winterhalbjahr auf Bann-Ebene nach Anordnungen der zuständigen Gebietsführungen durchgeführt, die ihrerseits Bestimmungen der Reichsjugendführung weiterleiteten. [199] Auch hier trat also der Grundsatz der zentralen Lenkung wieder in den Vordergrund.

Verbindliche Arbeitsgrundlage bildeten für die vier Abteilungen der Hitler-Jugend – DJ, HJ, JM, BDM – unterschiedene Anweisungen „für die weltanschauliche Schulung der Unterführer und Unterführer-Anwärter", die vom Amt für weltanschauliche Schulung herausgegeben wurden. [200]

Über diese Schulung der Unterführerschaft hinaus, die die Teilnehmer hauptsächlich auf die Durchführung von Heimabenden in den unteren Einheiten vorbereiten sollte, wurde eine Auslese von HJ-Führern in besonderen „Führerschulen" ausgebildet. Der Aufbau solcher Anstalten war gleich nach der Machtergreifung auf Gebietsebene besonders gefördert worden, da es schwierig war, der schnell wachsenden Zahl der HJ-Mitglieder eine entsprechende Anzahl von ausgebildeten Führern zur Verfügung zu stellen. [201] Auf diesen Gebietsführerschulen wurden besonders Geeignete wiederum ausgelesen für die Reichsführerschule der HJ in

---

[198] Vgl., **Wille, Weg, Ziel**, a. a. O., S. 30.

[199] Vgl., **Reichsbefehl**, 30/II, S. 782 und 28/III, S. 742.

[200] Vgl., ebd., 30/III, S. 801.

[201] 1934 galt für die HJ als „Das Jahr der Schulung". (Vgl., **Hitler-Jugend 1935 bis 1943**. In: Das Junge Deutschland, Jg. 37 (1943), H. 1/2, S. 17 f. – An dieser Stelle finden sich auch nähere Angaben über den Umfang der Schulungsarbeit für die HJ-Führer.)

Potsdam, bzw. für die Reichsführerinnenschulen des BDM in Potsdam, Godesberg und Boyden. [202] Die Elite der HJ-Führer durfte schließlich die – allerdings erst im April 1939 eröffnete – „Akademie der Jugendführung" in Braunschweig besuchen, um dort eine regelrechte Berufsausbildung als Jugendführer zu erhalten. [203] Der Besuch der Akademie lag aber zeitlich weit hinter der normalen HJ-Dienstzeit und war an eine davor liegende Ableistung des Arbeits- und Wehrdienstes gebunden. [204]

Die Auswahl der Teilnehmer für die Führerkurse lag – das war der übereinstimmende Grundsatz der Auslese von der untersten Einheit an – niemals bei den zu Führenden. „Die wahrhaftige germanische Demokratie der freien Wahl des Führers", von der Hitler gesprochen hatte, [205] wurde in der Hitler-Jugend nicht angewendet. Nicht einmal die zur Führung Berufenen selbst konnten sich um eine Stellung bewerben. Das System der Führer-Auslese lag ausschließlich bei den Dienststellen der Hitler-Jugend.

---

[202] Vgl., **Wille, Weg, Ziel**, a. a. O., S. 30 f.
[203] Vgl., Kaufmann, **Das kommende Deutschland**, a. a. O., S. 45.
[204] Vgl., **Wille, Weg, Ziel**, a. a. O., S. 31.
[205] Vgl., Hitler, **Mein Kampf**, a. a. O., S. 99.

V. Zusammenfassung und Schlussbetrachtung

Im letzten Teil dieser Arbeit sollen die wesentlichsten Ergebnisse noch einmal kurz zusammen gefasst werden und eine Verbindung vom – nun schon geschichtlichen – Faktum der weltanschaulichen Schulung in der Hitler-Jugend zur Gegenwart gezogen werden.

In der folgenden Zusammenstellung werden acht Punkte besonders hervorgehoben:

1. Die Hitler-Jugend, eine Gliederung der NSDAP, erhielt im Dritten Reich – als erste einer ganzen Reihe nationalsozialistischer „Erziehungseinrichtungen" – den Auftrag, der deutschen Jugend die „völkische" Weltanschauung „einzubrennen". (Durch die enge Bindung an die NSDAP wurde die HJ nicht nur besonders gefördert, sondern vor allem gelenkt. Die Hitler-Jugend bildete also keine eigenständige und unabhängige Jugendorganisation.)

2. Der staatliche Auftrag sicherte der HJ die Monopolstellung auf dem Gebiet der Jugendarbeit: der Totalitätsanspruch der Hitler-Jugend, der sich vor allem auf die Erfassung aller Jugendlichen bezog, wurde gesetzlich anerkannt und durchgesetzt. (Alle konkurrierenden Jugendorganisationen wurden aufgelöst oder „gleichgeschaltet"; die Mitgliedschaft zur Hitler-Jugend wurde für alle Jugendlichen vom 10. bis zum 18. Lebensjahr Zwang.)

3. Grundbegriffe der „völkischen" Weltanschauung wurden in der HJ durch die „weltanschauliche Schulung" gelehrt und in bestimmten Organisationsformen, die auf diese Grundbegriffe zurückgeführt wurden, „erlebt". (Ein großer Teil der organisatorischen Grundsätze wurde jedoch – durch weltanschauliche Begriffe lediglich kaschiert – aus Gründen der Zweckmäßigkeit beibehalten oder aufgestellt.)

4. Auch die „körperliche Ertüchtigung", die einen breiten Raum in der HJ-Arbeit einnahm, wurde weltanschaulich motiviert: Sie war einmal Teil der „rassenpflegerischen Maßnahmen" des völkischen Staates, zum anderen bildete sie eine Vorbereitung auf den „Kampf" nach außen. Die „körperliche Ertüchtigung" ist also – im weiten Sinn – als ein Teil der weltanschaulichen Schulung zu verstehen.

5. Das „Führer- und Gefolgschaftsprinzip" fand im starren, streng hierarchischen Aufbau der Hitler-Jugend ihren Niederschlag; er ermöglichte eine einheitliche Durchführung der gesamten Schulung in der HJ. (Der pyramidenförmige Aufbau war nicht durch eine organische Schichtung von unten nach oben bedingt, sondern durch eine unbewegliche Auffächerung von oben nach unten.)

6. Besonders ausgeprägt war in der Hitler-Jugend ein „Führer"-Kult um Adolf Hitler, dem Schöpfer der „völkischen" Weltanschauung und dem Begründer des Dritten Reiches. Die

„Gefolgschaftstreue" ihm gegenüber sollte ein jeder durch ein bedingungsloses Sich-Einfügen in die „völkische Gemeinschaft" beweisen.

7. Die „Mannschaftsschulung" wurde in der HJ nach peinlich genauen, zentral ausgegebenen Anweisungen „reichseinheitlich" durchgeführt. Ein perfektes System von Befehlsempfang und Befehlsweitergabe sollte die Einheitlichkeit der Schulung sichern. (Durch das Gebundensein an von oben gegebene Anweisungen bestand in keiner Einheit der HJ die Möglichkeit, „gestaltend" zu wirken. Die dauernd praktizierte Einfügung in den Befehlsmechanismus dürfte bei den Jugendlichen die letzten Ansätze zu selbständigem Handeln verschüttet und ihre potentielle Lenkbarkeit durch von außen aufgezwungene „Führer" erhöht haben.)

8. Durch die „Führerschulung" sollten die besten Kräfte des Volkes für wichtige Aufgaben in Partei, Staat und Wirtschaft ausgelesen werden. (Der Grundsatz der „freien Wahl des Führers" wurde bei der „Auslese" nicht angewendet, da sie grundsätzlich nur von oben her vorgenommen wurde und dadurch eine völlige Abhängigkeit von den Entscheidungen der jeweils höheren Dienststellen bestand.)

Zwölf Jahre lang – von 1933 bis 1945 – ist ein großer Teil der deutschen Jugend durch die HJ im Sinne der „völkischen" Weltanschauung geschult worden. Es drängt sich die Frage auf, ob heute noch, und auf welchen Gebieten, Auswirkungen dieser Schulung zu bemerken sind.

Sicherlich wäre es ein Irrtum anzunehmen, dass mit dem militärischen Zusammenbruch des Dritten Reiches eine gleichzeitige Zerstörung aller nationalsozialistischen Vorstellungen bei denen, die geschult worden waren, verbunden gewesen sei. Es besteht nicht die Möglichkeit nachzuprüfen, ob und in welchem Maße Inhalte der nationalsozialistischen Lehre heute noch – wenn vielleicht auch nur verborgen – in einem Teil des deutschen Volkes weiterwirken. Tatsächlich dürften unserem Staat kaum noch irgendwelche Gefahren von der „völkischen Lehre" drohen, da sie durch ihre „Schöpfer" selbst demaskiert und zum Zusammenbruch geführt wurde; der kleine Rest der „Unverbesserlichen" dürfte allein durch den Ablauf der Zeit nach und nach auf natürliche Weise jeden Einfluß einbüßen.

Als bedeutsam hingegen muss das geringe Interesse angesehen werden, das der Arbeit von Jugendgruppen in der Bundesrepublik entgegen gebracht wird. Die „totale" Erfassung aller Jugendlichen im Dritten Reich ist heute einer weitverbreiteten Ablehnung jeglicher Betätigung in Jugendgruppen gewichen; eine Erscheinung, die, weil sie wiederum einem Extrem zuneigt, wenn auch nicht als gefährlich, so doch zumindest als bedauerlich zu bezeichnen ist.

Schließlich mag es erlaubt sein, die vermessene Frage zu stellen, ob es möglich sei, aus der Geschichte – hier also aus der Geschichte der HJ – Lehren zu ziehen. In zweifacher Hinsicht kann auf diese Frage eine positive Antwort gegeben werden: Einmal ist es sehr unwahrscheinlich, dass sich die nationalsozialistische Lehre – dem Inhalt nach – noch einmal in Deutschland durchsetzen kann, gerade weil die geschichtliche Erfahrung verhindern dürfte, dass sich dieser „Irrtum" noch einmal so großer Massen bemächtigt. Zum anderen aber sollte uns die Geschichte der HJ lehren, welcher Methoden sich jeder totalitäre Staat bedient, wenn er das Leben aller in jeder Hinsicht, eben „total" zu bestimmen versucht. Ein Blick auf die Arbeit der „FDJ" im immer noch unfreien Teil Deutschlands vermag es, diese Behauptung zu belegen.

GLIEDERUNG UND AUFBAU DER HITLER-JUGEND [206]

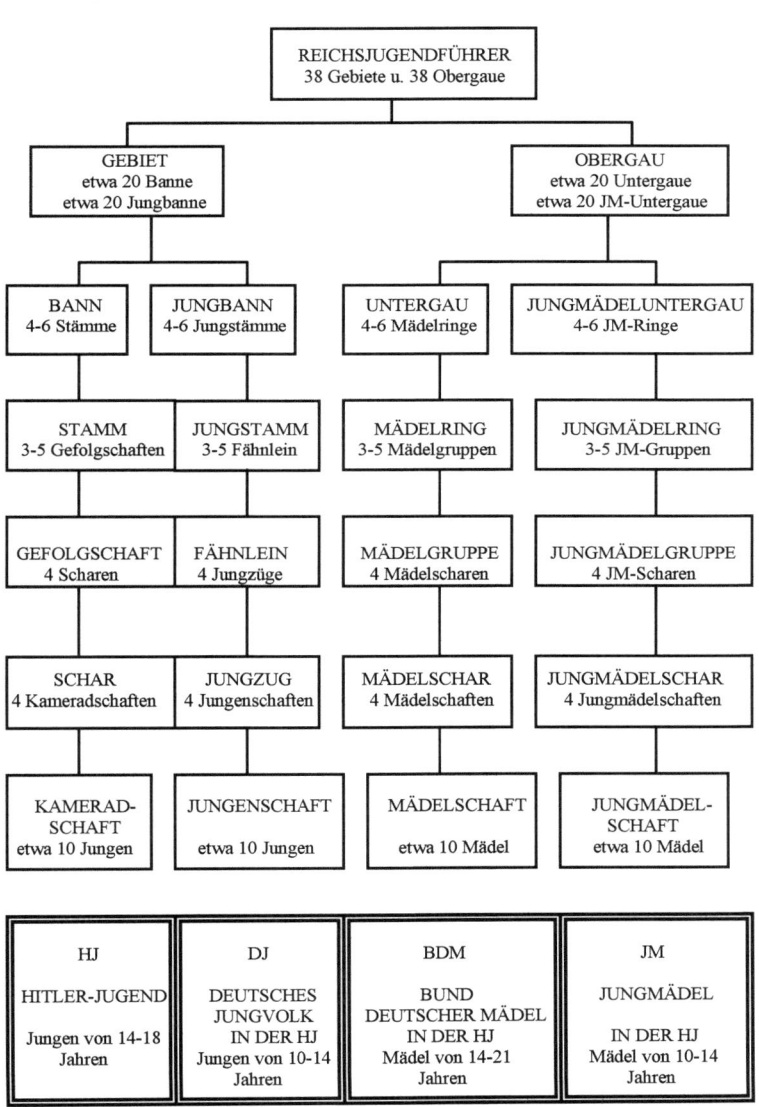

REICHSJUGENDFÜHRER
38 Gebiete u. 38 Obergaue

GEBIET	OBERGAU
etwa 20 Banne	etwa 20 Untergaue
etwa 20 Jungbanne	etwa 20 JM-Untergaue

| BANN | JUNGBANN | UNTERGAU | JUNGMÄDELUNTERGAU |
| 4-6 Stämme | 4-6 Jungstämme | 4-6 Mädelringe | 4-6 JM-Ringe |

| STAMM | JUNGSTAMM | MÄDELRING | JUNGMÄDELRING |
| 3-5 Gefolgschaften | 3-5 Fähnlein | 3-5 Mädelgruppen | 3-5 JM-Gruppen |

| GEFOLGSCHAFT | FÄHNLEIN | MÄDELGRUPPE | JUNGMÄDELGRUPPE |
| 4 Scharen | 4 Jungzüge | 4 Mädelscharen | 4 JM-Scharen |

| SCHAR | JUNGZUG | MÄDELSCHAR | JUNGMÄDELSCHAR |
| 4 Kameradschaften | 4 Jungenschaften | 4 Mädelschaften | 4 Jungmädelschaften |

| KAMERAD-SCHAFT | JUNGENSCHAFT | MÄDELSCHAFT | JUNGMÄDEL-SCHAFT |
| etwa 10 Jungen | etwa 10 Jungen | etwa 10 Mädel | etwa 10 Mädel |

HJ	DJ	BDM	JM
HITLER-JUGEND	DEUTSCHES JUNGVOLK IN DER HJ	BUND DEUTSCHER MÄDEL IN DER HJ	JUNGMÄDEL
Jungen von 14-18 Jahren	Jungen von 10-14 Jahren	Mädel von 14-21 Jahren	IN DER HJ Mädel von 10-14 Jahren

[206] Nach: Aufbau und Abzeichen der Hitler-Jugend, a. .a O., S.45

82

Literaturverzeichnis

A. Schrifttum aus der nationalsozialistischen Epoche

1. Einzelveröffentlichungen

Aufbau und Abzeichen der Hitler-Jugend. Herausgegeben von der Reichsjugendführung der NSDAP. Berlin, o. J.

Aufbaudienst (1: Der organisatorische Aufbau der HJ; 2: Der Dienst der Mannschaft und die Schulung der Führerschaft; 3: Die Leibeserziehung.) Herausgeber: Die Befehlsstelle Südost der RJF. Wien, 1938.

Artur Axmann: Der Reichsberufswettkampf. Berlin, 1938.

Eugen Frieder Bartelmäs (Hrsg.): Das junge Reich. Vom Leben und Wollen der neuen deutschen Jugend. Stuttgart/Berlin/Leipzig, o. J:

Hans-Helmut Dietze: Die Rechtsgestalt der Hitler-Jugend. Eine verfassungsrechtliche Studie. Berlin, 1939.

Freude – Zucht – Glaube. Handbuch für die kulturelle Arbeit im Lager. Herausgegeben vom Kulturamt der Reichsjugendführung. Potsdam, 1937.

Wilhelm Heussler: Aufbau und Aufgaben der nationalsozialistischen Jugendbewegung. Dissertation. Würzburg, 1938.

Adolf Hitler: Führung und Gefolgschaft. Die beiden großen Kulturreden des Reichskanzlers Adolf Hitler am 1. und 3. September 1933 auf dem Parteitag in Nürnberg. (Reihe: Die Erhebung. Dokumente zur Zeitgeschichte.) Berlin, 1934.

Adolf Hitler: Mein Kampf. Zwei Bände in einem Band. Ungekürzte Ausgabe. 300./304. Auflage. München, 1938.

Adolf Hitler: Lebensworte für die Hitler-Jugend. Langensalza/Berlin/Leipzig, 1934.

Adolf Hitler: Die Reden Hitlers am Parteitag der Freiheit 1935. München, 1935.

HJ. im Dienst. Ausbildungsvorschrift für die Ertüchtigung der deutschen Jugend. Herausgegeben von der Reichsjugendführung. Berlin, 1940.

Günter Kaufmann: Das kommende Deutschland. Die Erziehung der Jugend im Reich Adolf Hitlers. 3., vollständig verbesserte und erweiterte Auflage, Berlin, 1943.

Günter Kaufmann; Die Hitler-Jugend. Aufbau und Leistung der nationalsozialistischen Jugendbewegung. (Das Dritte Reich im Aufbau. Übersichten und Berichte. Bd. 3. Hrsg. Von Paul Meier-Benneckenstein. S. 328 – 468.) Berlin, 1939.

Ernst Krieck: Nationalsozialistische Erziehung, begründet aus der Philosophie der Erziehung. Osterwieck/Harz und Berlin, 5., unveränderte Auflage, 1940.

Ernst Krieck: Erziehung im nationalsozialistischen Staat. (Sonderdruck aus: „Die Verwaltungs-Akademie", ein Handbuch für den Beamten im nationalsozialistischen Staat.) Berlin, 1935.

Mädel im Dienst. BDM.-Sport. Herausgegeben von der Reichsjugendführung. Potsdam, 2., völlig neu bearbeitete Auflage, 1940.

Mädel im Freizeitlager. Herausgegeben im Auftrag des BDM.-Obergaues Pommern von Gerda Gauger. Potsdam, o. J.

Albert Müller : Die Betreuung der Jugend. Überblick über eine Aufgabe der Volksgemeinschaft. Im Auftrag der Reichsgemeinschaft für Jugendbetreuung. (Das Junge Deutschland. Sonderveröffentlichung Nr. 4.) Berlin, 1943.

Pimpf im Dienst. Ein Handbuch für das Deutsche Jungvolk in der HJ. Herausgegeben von der Reichsjugendführung. Potsdam, 1938.

Edgar Randel: Die Jugenddienstpflicht. (Das Junge Deutschland. Sonderveröffentlichung Nr. 1.) Berlin, 1942.

Oskar Ruckdäschel: Hoheitsmacht in der Hand des jugendlichen HJ.-Führers. Dissertation. Würzburg, 1942.

Baldur von Schirach: Die Hitler-Jugend. Idee und Gestalt. Berlin, 1934.

Reimund Schnabel: Das Führerschulungswerk der Hitler-Jugend. (Reihe: Schriften der Hochschule für Politik. Heft 22/23.) Berlin, 1938.

Helmut Stellrecht: Neue Erziehung. Berlin, 1942.

Helmut Stellrecht: Die Wehrerziehung der deutschen Jugend. Berlin, 1938.

Georg Usadel: Entwicklung und Bedeutung der nationalsozialistischen Jugendbewegung. (Reihe: Deutschlands Erwachen. Bücher der Kraft und des Lebens für unsere Jugend.) Bielefeld und Leipzig, o. J.

Vom deutschen Volk und seinem Lebensraum. Handbuch für die Schulungsarbeit in der HJ. Herausgeber: Fritz Brennecke, Bearbeiter: Paul Gierlichs. München, 1937.

Waeger: Die Leibeserziehung in der HJ. und in der Wehrmacht. (Wehrmacht und Partei. Hrsg. Von Richard Bonnevert. S. 55 – 70.) Leipzig, 1938.

Gerhart Wehner: Die rechtliche Stellung der Hitler-Jugend. Dissertation. Dresden, 1939.

Wille, Weg, Ziel. Jugend berichtet! Leipzig, 1938.

Robert Wimmer: Nationalsozialismus und Jugenderziehung. Hamburg, 1936.

2. Zeitschriften

Das Junge Deutschland. Amtliches Organ des Jugendführers des Deutschen Reichs. Sozialpolitische Zeitschrift der deutschen Jugend. Berlin.

Die Erziehung. Monatsschrift für den Zusammenhang von Kultur u. Erziehung in Wissenschaft und Leben. Leipzig.

Jugend und Recht. Organ der jungen Rechtswahrer des National-Sozialistischen Rechtswahrerbundes und der Reichsfachschaft Rechtswissenschaft der Reichsstudentenführung. Berlin.

Die Kameradschaft. Blätter für die Heimabendgestaltung in der Hitler-Jugend. Herausgegeben von der Reichsjugendführung der NSDAP. Amt für weltanschauliche Schulung. Berlin.

-----. Die verfassungsrechtliche Stellung der Hitler-Jugend. In: Zeitschrift für die gesamte Staatswissenschaft. 101. Bd. (1941), S. 113 – 156.

Kurt Fervers. Einheit und Jugend – Einheit des Reiches. In: Wille und Macht. I. Jg. (1933), H. 10/11, S. 11 – 14.

Gerhard Giese. Erzieherschaft und Jugendführung. Gedanken über das Verhältnis von Lehrer und Schüler, Schule und Hitler-Jugend. In: Die Erziehung. 10. Jg. (1935), S. 18 – 25 und S. 58 – 63.

Walter Gross. Der Totalitätsanspruch der jungen Generation. In: Wille und Macht. IV. Jg. (1936), H. 9, S. 3 – 5.

Hans Heckel. Elternrecht, Schulrecht, Recht der Hitler-Jugend. In: Reichsverwaltungsblatt. Bd. 56, Nr. 16, S. 312 – 315.

Hitlerjugend 1933 bis 1943. Die Chronik eines Jahrzehnts. In: Das Junge Deutschland. Jg. 37 (1943), H. 1/2.

Günter Kaufmann. Erläuterungen zur ersten und zweiten Durchführungsverordnung des Führers zum Gesetz über die Hitler-Jugend vom 1. Dezember 1936. In: Das Junge Deutschland. 33. Jg. (1939), H. 5, S. 195 – 248.

Wilhelm Kube. Unsere Hitlerjugend. In: Wille und Macht. IV. Jg. (1936), H. 10, S. 1 – 4.

Robert Ley. Kampf auch für die Jugend. In: Das Junge Deutschland. 34. Jg. (1940), H. 6, S. 121 – 125.

Fritz Meinecke. Schule, Elternhaus und Hitlerjugend. In: Die Deutsche Höhere Schule. II. Jg. (1935), H. 11, S. 365 – 370.
Trude Mohr. Mädel von heute – Frauen von morgen. In: Wille und Macht. III. Jg. (1935), H. 1, S. 4 – 7.

Hans Alfred Nessler. Das Ziel. In: Wille und Macht. I. Jg. (1933), H. 19, S. 1 – 2.

Kurt Petter. Die politische Erziehung der deutschen Jugend in der Hitlerjugend. In: Die Deutsche Höhere Schule. II. Jg. (1935), H. 13, S. 451 – 456.

Rudi Peuckert. Blut und Boden, Erziehungsaufgabe der Hitler-Jugend. In: Odal, Jg. 1940, H. 8, S. 573 – 580.

Edgar Randel. Heranziehung zum Dienst oder Fernhaltung? Grundfragen der Jugenddienstpflicht. In: Das Junge Deutschland. Jg. 35 (1941), H. 2, S. 63 – 69.

Alfred Rosenberg. Nationalsozialistische Erziehung.   In: Wille und Macht. IV. Jg. (1936), H. 4, S. 1 – 6.

Baldur von Schirach. Hitlerjugend. Die neue Idee in der neuen Gestalt. In: Wille und Macht. I. Jg. (1933), H. 7, S. 1 – 3 .

Ernst Schlünder. Die körperliche Erziehung in der Hitler-Jugend. In: Wille und Macht, IV. Jg. (1936), H. 14/15, S. 10 – 23.

-----. Die körperliche Schulung im Deutschen Jungvolk. In: Wille und Macht. IV. Jg. (1936), H. 7, S. 2 – 5.

Georg Usadel. Die Erziehungsmächte Schule, Hitlerjugend und Elternhaus. In: Volk im Werden, II. Jg. (1934), S. 155 – 158.

-----. Hitlerjugend, Schule, Elternhaus. In: Die Deutsche Höhere Schule. I. Jg. (1934), H. 3, S. 73 – 76.

B. Außerhalb des nationalsozialistischen Machtbereiches veröffentlichte Schriften mit dokumentarischem Charakter

Hitlers zweites Buch. Ein Dokument aus dem Jahr 1928. Eingeleitet und kommentiert von Gerhard L. Weinberg, mit einem Geleitwort von Hans Rothfels. (Veröffentlichungen des Instituts für Zeitgeschichte. Reihe: Quellen und Darstellungen zur Zeitgeschichte, Bd. 7.) Stuttgart, 1961.

Hermann Rauschning. Gespräche mit Hitler. Zürich, Wien, New York. Unveränderter Nachdruck, o. J.

C. Darstellungen

Helmut Kistler. Die Hitler-Jugend. In: Welt der Schule. Zeitschrift für Unterricht und Erziehung. 14. Jg. (1961), H. 1, S. 14 – 27.

Arno Klönne. Hitlerjugend. Die Jugend und ihre Organisation im Dritten Reich. (Schriftenreihe des Instituts für wissenschaftliche Politik in Marburg/Lahn. Herausgegeben von Wolfgang Abendroth.) Hannover und Frankfurt/M., 1957.